美国的兴旺之城
——小城镇成功的8个秘诀

［美］杰克·舒尔茨　著
　　　谢永琴　译

中国建筑工业出版社

著作权合同登记图字：01-2006-6628 号

图书在版编目（CIP）数据

美国的兴旺之城——小城镇成功的8个秘诀/（美）舒尔茨著；谢永琴译．—北京：中国建筑工业出版社，2008
ISBN 978-7-112-09894-1

Ⅰ．美… Ⅱ．①舒…②谢… Ⅲ．城镇—城市建设—研究—美国 Ⅳ．F299.712.1

中国版本图书馆 CIP 数据核字（2008）第 017751 号

Copyright © 2004 by John M. Schultz and National Association of Industrial and Office Properties
All rights reserved.
Boomtown USA：the 7-1/2 keys to big success in small towns/by John M. Schultz
本书由美国 naiop 协会授权翻译出版

责任编辑：程素荣 率　琦
责任设计：郑秋菊
责任校对：李志立 梁珊珊

美国的兴旺之城
——小城镇成功的 8 个秘诀
　　［美］杰克·舒尔茨 著
　　　　谢永琴 译

中国建筑工业出版社出版、发行（北京西郊百万庄）
各地新华书店、建筑书店经销
北京永峥排版公司制版
北京云浩印刷有限责任公司印刷
　　＊

开本：787×960 毫米　1/16　印张：10¼　字数：250 千字
2008 年 6 月第一版　2016 年 11 月第二次印刷
定价：35.00 元
ISBN 978-7-112-09894-1
　　　（16598）

版权所有　翻印必究
如有印装质量问题，可寄本社退换
（邮政编码：100037）

目　录

致谢 ………………………………………………………………… V

序 …………………………………………………………………… VII

第 1 章　困境和机遇 ……………………………………………… 1

第 2 章　回到乡村都市 …………………………………………… 5

第 3 章　秘诀之一：采取一种肯干的态度 ……………………… 19

第 4 章　秘诀之二：远见卓识 …………………………………… 31

第 5 章　秘诀之三：利用你的资源 ……………………………… 41

第 6 章　秘诀之四：培育强有力的领导人 ……………………… 53

第 7 章　秘诀之五：鼓励企业家精神 …………………………… 71

第 8 章　秘诀之六：保持地方控制 ……………………………… 78

第 9 章　秘诀之七：建立你的品牌 ……………………………… 84

第 10 章　秘诀之八：利用跷跷板效应 …………………………… 91

第 11 章　案例研究：让所有秘诀发挥作用 ……………………… 97

第 12 章　乡村都市和大城市的比较 ……………………………… 107

第 13 章 展望乡村都市的未来 ·· 113

附录 A： 美国的乡村都市 ·· 116

附录 B： 具有地方特色的小城镇 ·· 135

参考文献 ·· 142

致　　谢

《美国的兴旺之城——小城镇成功的8个秘诀》一书的完成与许多人的帮助和支持是分不开的。特别要感谢作家汤姆·汉隆（Tom Hanlon），他帮助我把思想变成了文字。他是一位令人尊敬的人！我的代理人玛尔塔·贾斯塔克（Marta Justak）很偶然的机会成了一名未被证实的作家，他对兴旺之城的未来充满热情，并且提供了很多有价值的东西，这是我所无法回报的。美国工业与写字楼物业协会（NAIOP）的希拉·韦尔蒂诺（Sheila Vertino）和雪莉·马洛尼（Shirley Maloney）都非常热情地支持本书的写作，她们做了大量的编辑工作，在全书的写作过程中给了我很多指导。

如果没有和我一起工作的一帮同事的鞭策和大力支持，本书的完成也是不可能的。埃嘉索（Agracel）团队不会接受我关于本书无法完成的借口；相反，他们具有典型的"肯干"作风，只是告诉我可以完成。我非常感谢他们为我承担了大量的日常工作，为本书提供了很多思想，使我从日常生活中得到了很多灵感。

埃嘉索公司的合伙人迪安·宾厄姆（Dean Bingham）每天都坐在我的旁边，我们不断地进行思想交流。他会告诉我哪个问题是个难题！他是我心灵的伙伴，能和我分享对小城镇的热情。迪克·伦普金（Dick Lumpkin）是我的顾问，也是我所见过的最慷慨的人。史蒂夫·格里索姆（Steve Grissom）是最好的董事。他们和马利·李·斯帕克斯（Mary Lee Sparks）都非常慷慨地同意负担全书的费用。

埃嘉索公司的科琳·菲利普斯（Coleen Phillips）负责全书的协调工作，使我能够全身心地投入。利萨·休斯敦（Lisa Huston）进行了艰苦的研究，提供了本书的每一个实事和故事。林恩·希格斯（Lynn Higgs）既有很强的幽默感，又很有智慧。我还要感谢公司的沙伦·哈珀（Sharon Harper）、杰夫·布勒默克（Jeff Bloemker）、珍妮特·格伦（Janet Grunloh）、迈克·克拉克（Mike Cluck）、史蒂夫·西姆斯（Steve Sims）、托德·托曼（Todd Thoman）、迈克·弗伦奇（Mike French）、弗兰克·博克（Frank Bock）、特雷莎·沙克曼（Theresa Schackmann）、特雷莎·丹尼尔斯（Theresa Daniels）、吉姆·乔布（Jim Jobe）、迈克·穆姆（Mike Mumm）、罗布·鲍威尔（Rob Powell）、迈克·泽勒（Mike Zeller）、乔希·斯托克（Josh Storck）、卡西·沃尔皮（Kacie Volpi）、史蒂夫·勃兰登堡（Steve Brandenburg）、鲍勃·卡纳汉（Bob Carnahan）、贾斯廷·奥德尔（Justin O'Dell）、特里·埃尔德（Terri Elder）、迈克·舒特（Mike Shoot）、萨拉·罗宾斯

（Sarah Robins）、卡特·孔茨（Kathie Koontz）、安迪·福斯特（Andy Foster）、道格·霍尔（Doug Hall）以及贾勒德·菲利普斯（Jarrad Phillips）等。感谢你们的支持，尤其是在我的很偶然的写作工作上。

感谢里克·西默（Rick Siemer）、汉克·斯蒂芬斯（Hank Stephens）、迈克·卡尼（Mike Kearney）、P·J·赖安（P. J. Ryan）和唐纳·赖利-戈登（Donna Riley-Gordon），他们读了本书的初稿，提供了有价值的意见和对小城镇发展的想法。我还要感谢密苏里州的开普吉拉多（Cape Girardeau）的商会会长，他安排了几天与城镇关键人物的座谈会，提供了这个城镇的大量信息。

17年前，当我开始探究小城镇——相当小的环境的经济和产业发展问题时——我得到了很多人的鼓励，如果没有这些人的鼓励，这本书也是无法完成的。早期的合伙人吉姆·舒尔茨（Jim Schultz）与已故的弗雷德（Fred）和波利·黑尔（Polly Hale），他们都坚信我们所做的事，并且和我们一起冒险。巴德·阿尔特霍夫（Bud Althoff）、杰克·蒂斯（Jack Thies）、戴尔·菲茨帕特里克（Dale Fitzpatrick）和莫特·罗森（Mort Rosen）让我们做了第一个产业项目，霍华德·阿特金森（Howard Atkinson）让我们做了非常重要的第二个项目，使我们取得了很大的进步。还要特别感谢我们早期的投资者，他们坚信我们能够完成这些项目，他们是迪安·塞缪尔（Dean Samuel）、已故的尼克·达斯特（Nick Dust）、鲍勃·舒尔茨（Bob Schultz）、安·德特斯（Ann Deters）、罗恩·赛普尔（Ron Sippel）和保罗·格伦（Paul Grunloh）。

还有要特别感谢查利·巴伦方热（Charlie Barenfanger）。他是我们在埃芬汉铁路的合伙人，他使我们整个团队认识到了铁路的魅力。没有他的领导，以及坚韧不拔和奉献精神，我们将无法完成那个重要的项目。

我的父母弗兰（Fran）和已故的约翰·舒尔茨（John Schultz），还有岳父岳母马利·李（Mary Lee）和已故的皮特·埃默特（Pete Emmert）总是鼓励我。你们对于生活的乐趣、对人生方向的把握和坚强的道德信念使我受到了很大的启发。特别感谢我的母亲，是您的写作专栏、文章和书籍激励了我。

陪伴我23年的妻子贝蒂娜（Betinha）是我的支柱。她是一位受过良好教育的人，总是任劳任怨，我非常感激她。我还记得在我写作时，她出去扔垃圾，把我的脏衣服放在洗衣机中的情形。我的儿子詹姆斯（James）和约瑟夫（Joseph），你们用对于生活的"肯干"态度激励了我的每一天。

杰克·舒尔茨
于伊利诺伊州埃芬汉

序

作为一个公司的 CEO，他的部分使命就是发展小城镇的企业。在这个问题上，我曾经和许多中西部的，主要是艾奥瓦州和明尼苏达州的企业主管和城镇官员进行过相互交流。我经常感到自己像一名侦探一样，在寻找一些线索，来揭示小城镇繁荣昌盛的原因：兴旺之中的小城镇和衰败之中的小城镇的区别是什么？兴旺之城中的人们的生活完全不同于衰败之中的城镇吗？衰败中的小城镇经济会恢复吗？如果能恢复，那么怎样才能够恢复？

像这样的问题激励着我去探索小城镇成功的根源。随着挖掘的深入，我发现小城镇的成功和个人的成功是密不可分的。我发现一些小城镇重新焕发生机，而另一些小城镇却慢慢地走向死亡。这些发现引起了我的好奇心。我想全面地理解为什么一些城镇在不断地发展，为当地的年轻人提供了大量的机会，而另一些却慢慢地走向衰落。

我感到我所看到的不是某一个城镇的特殊现象。成功的小城镇有某些共性，这使它们完全不同于那些我称之为 Hayseedville 的地方。一些城镇的居民生活充满活力、自信，并且坚信他们的城镇是与众不同的。我经常驱车进入一个城镇，停下来和商会的某个人或城镇的某个经济发展专家进行谈话，通过这种方式我就可以辨别出这是不是一个与众不同的城镇。当我绕着中西部旅行并接触来自不同城镇的人时，我就知道哪些城镇是健康的，哪些是不健康的。但是回答为什么却是非常困难的。

与此同时，我看到国家的统计资料表明了这样一个趋势：迁移到小城镇的人主要是为了追求生活质量。这种趋势不像是一种短期现象，看来还要持续好一阵子。这的确引起了未来学家的关注，这些学者研究的不仅仅是 21 世纪我们将如何生活的问题，还有我们将在何处生活的问题。

个人的观点

我不用驱车绕中西部就能研究危机中的小城镇。我所在的小城镇——伊利诺伊州的埃芬汉（Effingham）市所出现的经济危机，就足以促使我不仅要研究它，而且促使我要积极地参与它的经济重建。事实上，我的公司——埃嘉索（Agracel）有限公司，就是起步于 1988 年处在危机之中的埃芬汉市的。这个城镇的困境迫使我把公司的核心放在经济发展上。

当时的埃芬汉市由于三个最大的制造业企业即将倒闭或迁出城镇，面临着4000名从事制造业的工人中将有3000人失业的问题。当这些问题公布于众的时候，根据谈话的对象就可以看出城镇居民的反映从震惊、愤怒到恐慌和绝望各不相同。当埃芬汉在思考它的不确定的未来时，一种由恐慌而导致的麻痹状态像死灰一样笼罩在整个城镇。

我加入到了由相关市民组成的小组中，这个小组包括市长、银行家、一些工厂的经理、城市经济发展专家、房地产商和一些退休人员。他们在几个月的时间内曾经多次开会讨论我们城镇的衰落问题。通过这些会议达成了共识：我们不能再依靠几个公司了，不管这些公司多么好；我们必须使我们的就业渠道多样化。我们必须吸引更多的，一般来讲是一些比较小的工厂，这样即使几个工厂倒闭了，也不会使城镇的经济陷入瘫痪状态。

城镇请了一个营销专家组来帮助恢复它的形象，并在《芝加哥论坛》（Chicago Tribune）和《新闻周刊》（Newsweek）等众多媒体上作了相关的报道。当地的中学生也积极地参与到振兴这些公司的网络营销活动中。超出城镇范围的规划会议的口号是：抓住机会。这些努力开始改变了当地居民对城镇的态度和感觉。

咖啡店谈论的话题从痛苦的"我真不幸"转为这些困难都是暂时的，肯定能克服。由于它的10000个居民共同承担城镇发展的使命，埃芬汉市逐渐建立了一种乐观的形象和自己的品牌（详见第9章）。没有一个公司是因为这个直接原因而回到小城——但是，通过这些努力，社区开始恢复它的精神、热情和乐观。小城再一次开始自我感觉良好。它开始展示了一种"肯干"的态度，正如我在第3章中阐释的那样，是成功的第一步。

埃芬汉开始吸引了一些高新技术和制造业公司，能够提供100~300人的就业机会。从第一个公司开始决定在这里建新工厂，已经过去了五年多的时间了。但是，一旦第一个公司作出了决定，像可口可乐，百事，Krispy Kreme 甜麦圈，邦奇（Bunge）食品公司和其他的公司就开始进入了埃芬汉。正是第一个公司（不再是商业的）引起出了连锁反应。并不是所有的公司刚开始的时候都很成功，但大多数都成功了，小城镇的就业率开始大幅上升。事实上，在20世纪90年代，埃芬汉在新的制造业中的就业率增长了70%，在这方面位居伊利诺伊州各县之首。

埃芬汉的故事只是千百个小城镇中的一个，这些小城镇要么重新恢复了它们的健康和活力，要么保持了它们的力量和地位。每一个州、每一个县的每一个角落都有许多兴旺的小城镇。非常奇怪地是，它们通常与衰亡之中的小城镇近在咫尺。

小城镇，农业为其本源

这本书所提及的几乎每一个小城镇都跟农业有着某些联系。许多小城镇刚开始时就是农业中心，慢慢地从这里开始发展。我的公司——埃嘉索（Agracel），就是从农业开始发展成为一个工业性的公司。当我们的事业开始腾飞时，我们一直在斗争是否重新命名我们的公司以便更好地反映工业化的特征。但当考察了很多名字之后，我们问自己，"农民是什么？"

农民是很实际的人，在残酷的商业环境中必须掌握关键的技术。他们生活在边缘中，对不可预测的变化必须立即作出反应，必须谨慎地控制他们的资源，不断地产生创新的思想来解决问题，从而改善他们的生活。农民们建立了长期的关系。他们是土地的长期管理者，关注下一代甚至几代人。

农场可能是我们所知道的最有效的单位。农民受过多种训练，是多面手。他们彼此互相帮助。你不能够欺骗农场。庄稼要么长，要么不长。农民没有官僚作风，当他们有问题时，他们会解决。他们非常容易和快捷地就能作出决定。握握手就能完成交易。从这个方面看，我们决定保留我们的名字埃嘉索。

辨别共性特征

当我对埃芬汉和其他中西部小城镇进行研究的时候，我的"侦探性的工作"开始有了回报。通过我的旅行和商业上的咨询、我所从事的研究以及和许多企业家、地方官员、政府公务员和相关的城镇居民一起工作过程中所观察的东西，我开始发现了一些小城镇兴旺而另一些衰亡的原因。从伊利诺伊州开始，我挖掘小城镇的数据资料。然后我把这个问题扩展到了全国，因为我从2000年美国人口普查数据中看出了一种趋势。根据人口普查数据，我把研究范围从15800多个小城镇缩小到了1300个。

我认为最重要的是成功的小城镇和普通小城镇的区别在哪里，其次才是令人信服的过程。我经常能看到许多成功的小城镇都具有一些相似的特征。这些特征单个不会起作用，但是，综合来考虑，它们就能形成一个典型，通过这个典型你就能够知道在一个大范围内，究竟是什么使成功的小城镇与众不同。随着时间而显现出来的这些成功的关键因素并不具有魔力；他们不能够使一个即将衰亡的城市在几星期甚至几个月内复兴。但他们却能够显著地改善一个小城镇的经济和增长。

生活在充满活力和健康的小城镇的人们已经在许多方面付诸了行动，努力使他们的城镇永远兴旺发达；他们的城镇的确很兴旺，但是没有人会花时间告诉其他的城镇他们是怎样做的。没有一个人会告诉他们小城镇成功的关键是什么。

直到现在。

几点启示

小城镇繁荣的时机已经到了。许多部门放松管制——公路、航空以及更多的部门都有利于小城镇的发展。小城镇的商业和企业的生产成本较低。相互交流非常便捷,不论通过何种方式出行彼此见面都很容易,所以生活在大城市并不是唯一的选择。小城镇更具有典型的乡村工作伦理,劳动力资源也很丰富。生活在一个充满活力的小城镇的魅力在于它既具有传奇色彩同时又是很真实的;许多人为了追求生活质量而迁移到小城镇,包括可以受到良好的教育,较低的生活费用、较低的犯罪率、良好的生活环境和较低的通勤成本。这些只是小城镇繁荣的无数原因中的一部分。

但是繁荣不会自己发生。

通过可靠的具有远见卓识的领导人员,具有一种"肯干"(Can-Do)的态度和敢于冒险的精神,繁荣才能发生。通过了解你所在的城市的优势和资源,并且知道如何合理的利用这些优势和资源,繁荣才能发生。通过为你的小城镇建立自己的品牌,小城镇才能繁荣——这是一个会引起人们嘲讽的概念,但是成功的小城镇已经拥有了。

在本书中,我把过去15年对小城镇繁荣兴旺的体会拿出来与大家分享。我还挑选出了一些我认为位居美国前列的397个(尤其是前100个)小城镇。这些城镇都有可能被淹没在美国乡村的15800多个小城镇中。但是仔细地研究会发现这些繁荣的城镇都有着惊人的力量。

乡村都市(Agurbs)是我给这些城镇杜撰的名字,用于区别美国乡村的其他小城镇。确切地说,乡村都市是什么?

一个乡村都市(Agurb)是一个繁荣的农业城镇,它和农业有着联系,位于美国大都市统计区之外。作为一个乡村都市,必须是从1990~2000年经历过人口或就业率的增长,从1989~1999年人均收入的增长超过2%。并不是所有的小城镇都繁荣——因此,并不是所有的小城镇都能称之为乡村都市。

乡村都市(Agurban)是继城市和郊区之后的一个词。美国人口的第一次迁移潮流是从小城镇和农村到城市地区;第二次迁移潮流是从城市到郊区;第三次潮流——我们现在正在经历的,正是这本书的主题——是从郊区到乡村都市(第三次潮流的相关讨论见第2章)。

从本书中你会发现这些乡村城镇的力量是令人惊讶的。这将有助于你自己的城镇的发展。

第 1 章

困境和机遇

大城市的氛围很活跃，它们认为自己在商业和艺术、文化和资源、历史和传统、地理和环境、城镇特性等方面与众不同。小城镇没有什么区别。因此如何规划、建设、吸引新的企业，定位城镇的特性，这些因素共同作用才能使一个城镇充满活力、与众不同。

由于规模的原因，小城镇具有郊区和大城市所不具备的东西：在小城镇，一个人会有极好的机会真正地过着与众不同的生活。在小城镇，个人的成功能带动整个城镇的成功。一个人开办了一家小型的出版公司，它受到地方银行的支持，因为银行对投资自己的城镇很感兴趣。随着出版公司的发展，会雇佣5个、10个、50个，甚至100个雇员。顺着这条路，就会产生新的企业：一个文印店，一家与出版公司合作的软件公司和音像公司，图文设计公司也会应运而生。自由作家、编辑、摄影师、艺术家和设计师都能在这里找到工作。小镇就兴旺起来了。

这只是小城镇的一个方面；兴旺发达的浪潮一个接一个。小城镇的人更容易直接受到别人成功的影响。波浪式的影响能够到达城镇的末端，并且这些波浪——像大海的潮汐一样是双向的。也就是说，个人的成功能够影响城镇的成功，城镇的成功能够影响个人的成功。在某种程度上，这在郊区和大城市也会发生，但是达不到小城镇的这种程度。

小城镇繁荣的机会是很多的。小城镇成功的土壤就和围绕着美国中心地带的土壤一样肥沃。但是这种成功不会自动发生。小城镇只有理解了影响它成功的因素，知道经济发展的长远规划的价值时，才能够繁荣。

唱一首与众不同的歌

想像一下30年前坐在一群音乐家中间，他们正在选一个最好的地方来建国家第一个现场直播的音乐中心。这些"音乐专家"——都住在大城市——将选择纳什维尔、芝加哥、洛杉矶、纽约、新奥尔良或其他的大都市。他们不会考虑选择在这些中心地区之外的小城镇——例如密苏州的布兰森（Branson）镇。

毕竟，布兰森是一个很偏僻的地方。它只有一个小的剧院，吉姆·欧文（Jim Owen）的山地音乐剧院。欧文邀请电影明星和歌唱家来到剧院门口摆姿势照相，地方商会也积极地把布兰森的特性介绍给每一位客人。布兰森的人们也根本不知道他们有没有机会成为大的现场直播的音乐中心。事实上，他们不关心这些。他们只是不断地改善他们的城镇,建立第二个、第三个剧院,并且一直在建,直到2003年超过了30多个。从某个人的远见和热情开始,小镇改变了,产生了许多工作机会,布兰森——一个只有6050人口的城镇——成为了世界现场音乐之都。它现在每年能吸引700万名游客,以超过百老汇的上座率而自豪。

与布兰森形成鲜明对比的是具有神秘色彩的海思斯维尔(Hayseedville)镇。小城镇的经济萧条,人们精神不振。他们丝毫没有看到能够挽救小镇的机会。小镇的领导们开会讨论他们面临的困境,哀叹由于缺少就业机会,有一半以上的中学生毕业以后离开了这个地区。领导们绝望、痛苦,并讨论那些他们所难以克服的问题直到深夜。这些问题是:他们的区位环境差、气候不好、离州际公路15英里以外,相邻的城镇有更多的优势(对未来有同样的看法,理解这一点并不难)。因此产生了各种各样的借口。每一个人都感到很悲哀,这使他们没有任何力量去敢于冒险解决问题。

布兰森的人们所看到的,而海恩斯维尔的人们所没有看到的是什么?一句话,机会。

关于数据

美国人口普查局把至少有一个人口规模超过50000人的中心城市,或者若该区域总人口达到或超过10万,并且有50000人口以上居住在城市化区域中的地区定义为大都市统计区(MSA)。统计数据显示,美国822个大都市统计区所在县的人口从1990~2000年增长了17.9%;而2320个非大都市统计区所在县的人口只增长了11.3%。更令人惊奇的是,15800个小城镇中一半以上的人口都在减少。许多未来学家预测这种趋势在21世纪仍将继续。

大都市统计区所在县还在另外两个重要的方面领先于小城镇:平均就业率的变化(大都市统计区是14.7%,而非都市统计区是13.1%),以及平均人均收入的变化(大都市统计区增长了50%,而非都市统计区增长了48.3%)。

这些数据显示,美国小城镇的发展并不十分乐观。然而小城镇的居民仍然要生活。他们仍然需要养活他们的家庭、付账单、培养孩子上大学、为将来退休留出一部分钱,或许还需要额外的一部分钱去街头的餐馆吃饭。小城镇居民面临的困境就是吸引什么样的公司到小城镇并且想办法使地方的人才不外流。也就是说要决定投资哪些企业;它所获得的收益就来源于这个城镇的特性能够吸引游客和新的企业,从而赚取源源不断的钱财。就像洪水淹没了许多周边小城镇的时候,这个小城镇依然把头露出水面。许多小城镇面临严重的难以克服的困难时,会从中迅速振作,改头换面——比以前更强健。

生活在小城镇具有一种魅力。更甚者，生活在小城镇具有一种创造性，有能够解决问题的态度和方式，有远见和工作的道德，所有这些因素共同起作用，使地图上几乎只是一个点的地方具有新的生命——在它的内部是充满活力而健康的。

白肤金发碧眼的毕业生

想像一下这是发生在1949年的故事。一个非常美丽的金发碧眼的女孩和四个具有吸引力的女同伴漫步进入普林斯顿的校园酒吧。她们看到了四个男毕业生——其中有约翰·纳什（John Nash）——金发碧眼的女子向纳什投以诱人的微笑。其他的小伙子们非常沮丧地认为纳什是"胜利者"；很明显金发碧眼的女子选择了纳什。

但是纳什——在电影《美丽心灵》（A Beantiful Mind）的结局中——使他的理论具体化了。"既然我们都是自私的"，他对忌妒的伙伴们说，"我们都去追求金发碧眼的女孩。结果怎样？我们互相争斗，她走了，她的几个同伴也都走了。那意味着我们都输了。"

其他的几个人都表情冷酷地点点头，因为金发碧眼的女孩的确很漂亮。"现在，如果我们都不去考虑我们自身的利益，考虑一下集体合作的利益，结果会是怎样？"他又说到，"如果我们都不去追求金发碧眼的女孩而是去追求其他四个女孩，结果会是怎样？"

纳什的同伴们开始考虑这个选择；很显然，其他的四个女孩也很有吸引力，只是没有金发碧眼的女孩那么漂亮。"那样的话，我们每个人都能追求到一个漂亮的女孩，"纳什总结道，"我们每个人都赢了——除了金发碧眼的女孩，她认为我们会为她争斗。"

1994年，纳什由于提出了博弈均衡的理论而获得了诺贝尔经济学奖。博弈论是说竞争对手互相竞争而又共享利益。他一反传统地看待输赢结局，开辟了双赢结局的可能性。这个理论，是他在1950年提出的，不仅仅适用于社会问题而且适用于商业、经济学、体育、政治、法律和许多其他的领域。它的范围是全球性的，甚至远及国际关系，像个人的发展和成功一样具有个性化和敏锐性。

它直接影响到你的经济健康和所生活的小镇的繁荣。

在传统的输赢情形中，一个实体——一个人、一个公司、一个组织或者一个国家—打败对手，赢得一切。纳什的均衡理论可以有多个赢家；竞争对手能够共存甚至可以互惠互利。纳什的双赢战略对小城镇的生存是至关重要的，对于生活在小城镇的人们的成功具有重要的意义。事实上，双赢战略在成功的美国小城镇中每天都在发挥作用。

这并不是说，所有的小城镇都是经济健康的——或者，正如幽默家加里森·凯勒（Garrison Keillor）所说的，"在所有的女人都强壮，所有的男人都相貌很好的那些地方，所有的孩子都超过平均水平。"严酷的现实就是小城镇为了生存而互相斗争，全然不顾诺贝尔奖获得者的理论，结果大多数在斗争中都失败了。

对策

城镇是由个人和团体；个体公民和公共的官员；雇主和雇员；还有许多组织，企业和其他的实体所组成的。饭店、加油站、服装店和其他的商业，他们为了获得城镇中的一块蛋糕而彼此竞争。作为一个企业的老板，一种手段就是削价与对手竞争，把价格降得很低从而使消费者获利。但是这重复了输赢情形；在这种情形中，随着利润的下降你最终会失败。尽管消费者不反对降低价格，但是这种方式的结果是随着时间的流逝，城镇这块蛋糕会变小。

正如约翰·纳什的理论所建议的，还有另外一种方式，诀窍就是把城镇这块蛋糕做大。当城镇这块蛋糕做大了，每一个人都会赢；每一个人都有机会得到一块较大的蛋糕；城镇内部的"友好竞争者"之间的合作能够使所有的居民都获利。

当企业、盈利社团、个体公民为了城镇的发展而共同努力的时候，城镇作为一个整体就有较大的繁荣机会。你可以这样想：大的图片等于大的蛋糕。头脑中始终要有一个大的图片——整个城镇的福利—这会指引着你和你的城镇获取更大的蛋糕。

用最简单的话来说，纳什的理论启示就在于，在竞争对手中用合作的战略能使大家共赢。这本书就是以纳什的均衡理论作为基础，能够对现实生活和现实中的小城镇起作用，能够帮助小城镇——以及生活在那里的人们实现他们的理想和梦想。

成功的秘诀并不复杂也不神秘。相反，它们根植于普通的感觉和符合基本的规则。这些秘诀中最令人吃惊的是它们通常都是紧密相关的。

这些秘诀是你个人或者你的公司成功的秘诀，也是你所在的城镇成功的秘诀。

第 2 章

回到乡村都市

兰迪·恩德（Lands' End）公司始于1963年，当时在芝加哥制革厂区沿河边的一间地下室。公司是由一些制作和出售帆船用品的水手开办的。

虽然公司在芝加哥不断地发展和壮大，但直到20世纪70年代后期当公司在威斯康星州的道奇维尔（Dodgevilie）重新选址时，才真正开始腾飞。加里·科默（Gary Comer）是公司的奠基人之一和董事长，他把公司迁移到那里，是因为他喜欢那里起伏的山丘、森林和玉米地所构成的如画般的景色。

但是，根据公司的网站（landsend.com），科默发现田园景色中还有另外一些东西对于公司的成功更重要："除了大自然所赋予我们的以外，我们开始知道和我们一起工作的城镇的人们是多么的优秀，"科默说："那是一个农业区，我们的工人都是农民的后代，他们的家庭都有很多孩子。我们很快就发现，他们清晨很早就起来，因为在上班之前要给一头或两头奶牛挤奶。"公司发现威斯康星南部的劳动力非常有利，于是又在邻近的一些小城镇开设了分厂，工人的规模已经超过了道奇维尔。

《乡村乐土：为了蓝色的牛仔梦想而改变你的企业位置》（《交流创新》，1997年）的作者玛丽莲（Marilyn）和汤姆·罗斯（Tom Ross），就像书的标题所建议的那样去做了。他们从拥挤喧闹的圣迭戈迁移到景色迷人而宁静的科罗拉多的Buena Vista镇。在其书中，他们阐述了他们以及其他许多大城市的居民为什么迁移到了小城镇的原因："厌倦了大城市的时尚和物质主义，美国人重新发现了家庭生活的乐趣，基本的价值观和他们的根源。他们开始重新发现伤感的电影、混血狗、烧烤和家庭的团聚……他们和较高的生活质量联系在一起。他们意识到能在小的事情中得到快乐，因为总有一天我们会认为这些事情是伟大的。"

你可能从来没听说过戴维·格申森（David Gershenson），但是你听说过特里·布拉德肖（Terry Bradshaw）吗？作为匹兹堡钢铁队的四分卫，特里·布拉德肖从1975~1980年率领他的球队获得了四届超级联赛冠军；他现在是美国国家橄榄球联盟的预赛举办人之一。格申森是布拉德肖的经纪人。他从新墨西哥州的银城（Silver City）开始就是布拉德肖的经纪人。

你可能会认为格申森的工作要求他住在纽约、芝加哥或者洛杉矶。事实上，格申森就是地道的洛杉矶人，他也从来没有想过生活在其他地方。然而，当他的前妻和两个孩子移居到靠近她的家庭的银城的时候，格申森也跟着去了。提到银城，格申森说，"在这种规模的城镇中的生活质量是难以用金钱去衡量的。"尽管格申森会定期往返于洛杉矶,但是最现代的电子通信方式,包括可视会议,能使他在残酷的竞争中发展,而不只是简单的生存。他说,"银城给我留出了做一个父亲的空间,这是最重要的。"

瑟斯顿·威廉斯(Thurston Williams)和安纳利·德拉姆(Annelle Durham)离开了喧嚣的旧金山,移居到了加利福尼亚州上湖(Upper Lake)的一个有20英亩的有机农场。虽然他们以前从事教育和保健事业,但威廉斯说,"回到农场是我长期的想法。我想在从教育事业上退休之前做点其他事。"他们现在种植蔬菜、葡萄、李子和苹果树。他说,"除了我给我的孩子们的爱以外,最伟大的事就是我给予了他们生活在农场的机会。"

万达·乌尔班斯卡(Wanda Urbanska)和她的丈夫弗兰克·利弗(Frank Levering)里从洛杉矶移居到了北卡罗来纳州的 Orchard Gap 镇,这儿离演员安迪·格里菲思(Andy Griffith)的家乡和电视剧《回到梅伯里》的外景地——芝特·艾里(Mount Airy)只有12英里。万达·乌尔班斯卡是《洛杉矶先驱考察家报》的记者;弗兰克·利弗写电影剧本。他们仍然继续写作,合写了两本关于他们亲身经历的书:《移居小城镇:从城市移居美国乡村指南》[西蒙和舒斯特(Simon & Schuster),1996年]和《简朴生活:寻求更好生活的一对夫妻》(企鹅出版公司,1993年)。

乌尔班斯卡写道,"我们的故事只是当今在美国能看到的众多以工作为主的普通人的故事中的一个。我认为在大城市很容易就陷入追求物质和金钱的过程中,因为这是你周围文化的一部分。在这里,长期的关系能带来很多东西。如果你认识一些人,你很少去关心他们开什么车,他们的房子有多大等等。如果你融入到乡村生活中,这些东西都会慢慢地消退。"

正在进行的迁移

加里·科默,罗斯和其他上文提到的许多把他们的事业、家庭和生活迁移到乡村都市中的人中的八个。

事实上,根据 Dreamtowns.com,20世纪90年代超过1800万人从大都市迁移到了小城镇或乡村。主要的目的可以用三个字概括:生活质量(quality of life)。生活质量可以从许多方面反映出来:较低的住房和生活费用、较低的犯罪率、好的学校、较短的通勤距离以及总体而言更休闲和压力较少的生活方式。用企业经营的话来说,乡村都市比大城市的成本要低得多(见附录A位居美国前100位的乡村都市和符合乡村都市标准的397个小城镇名单)。

表2.1表明,与所有城市所在的县和全国相比,乡村都市所在县要健康得多(所有的数据都是县域范围内的,因为没有一个小城镇能孤立于周边地区而存在,分析整

个县是为了更全面的理解）。百分比指从 1990 年到 2000 年就业和人口的增长以及从 1989 年到 1999 年人均收入的增长（PCI）（乡村城镇和城市的其他比较见第 12 章）。

表 2.1 乡村都市和城市增长的比较

	就业的增长	人口的增长	人均收入的增长
前 100 名乡村都市	32.1%	27.9%	51.1%
所有的 397 个乡村都市	24.0%	19.7%	51.0%
所有的城市所在县	14.7%	17.9%	50.0%
全 国	13.8%	13.1%	50.0%

所有的美国人都发现小城镇是一个非常适合生活、养家、开办公司、对未来进行投资的好地方。乡村都市已经家喻户晓。他们是未来的迁移潮流——对于成千上万的人和公司来说，这种迁移浪潮已经开始了。

回到未来

目前的这次向乡村都市的迁移是美国历史上第三次人口大迁移浪潮。非常有趣的是，迁移浪潮表示一个完整的圆，因为人们又回到了他们来的地方——乡村地区。第一次浪潮是从乡村到大城市；第二次浪潮，现在仍然在继续，是从大城市到郊区；第三次浪潮是从郊区到乡村都市。

第一次迁移浪潮——从农村到城市，始于 19 世纪初，由于新的技术推动了城市的增长。从 1800 年到 1900 年，美国城镇人口从占总人口比重不到 20% 迅速增长到超过 50%。工业革命催生了许多新的工业，工厂的发展为这些工业提供了大量的物质和产品。同时工厂还需要廉价的劳动力。农民从农场蜂拥而至工厂，渴望找到一种新的、更好的、更容易的生活方式（农业可以从许多方面去描述，没有一个方面可以用"容易"去描述）。当国家的工业产出大幅度提高的时候，贫穷的农民和农工以及许多来美国寻求更好生活的移民的生活方式得到了改善。

但是随着城市的增长，城市中人们的生活质量开始下降。城市不再是养家或者发展企业的理想场所。高的犯罪率和高的生活成本以及高的企业运行成本使许多人离开了城市。这种现实和新技术革命的到来，最终导致了美国国内的第二次迁移浪潮，从城市到郊区。

随着汽车和电话的普及，人们有更多的自由和弹性来选择他们如何生活，在哪儿居住和在哪儿工作。他们不必走路或者乘坐火车去上下班。他们可以居住在一个生活成本低的地方，驾车前往较远的地方去上班。这次迁移从城市到郊区开始于20世纪50年代，一直持续至今；在20世纪60年代达到了高峰。1970年美国的郊区人口超过了城市人口。一直持续向郊区的迁移又融入了第三次迁移浪潮：从郊区到乡村都市。

20世纪后半叶，尤其是最后20年的技术进步使得向乡村都市的迁移成为可能，并且加速了这种迁移趋势。2002年美国《财富》杂志中的500强公司中公司总部在乡村都市的有：劳氏［北卡罗来纳州的威尔克斯伯勒（Wilkesboro）］、康宁［（纽约州的科宁（Corning）］、康明斯［印第安纳州的哥伦布（Columbus）］、美泰［艾奥瓦州的牛顿（Newton）］、［莫豪克佐治亚州的卡尔洪（Calhoun）］和固铂橡胶轮胎公司［俄亥俄州的芬德利（Findlay）］。其他的美国公司也越来越偏向于小城镇，虽然在小城镇公司的雇员较少，但它们在地区的生产和分配销售上有很大的自主权，这样也促使了这个潮流的发展。事实上，从1960年到1990年，《财富》杂志中500强的公司中，有2/3的公司总部原来在纽约的都搬迁到了乡村都市。

就整个国家来讲，美国正返回到它的农村根源——但具备更有力的技术工具，能缩短世界的距离，从而使人们"在遥远的乡村"也能有高的生活质量和成功的企业。不像第一次迁移浪潮，主要是一些没有技术的劳动力，目前的第三次迁移浪潮主要是一些有技术的受过教育的人，他们不仅选择生活在城市之外，而且是在郊区之外。许多人已经意识到如果愿意的话，他们能够迁移到乡村都市继续工作，从而进一步提高了他们的生活质量。

工作时吹口哨——在家

保罗·霍伯格（Paul Horberg）是IBM的一名客户代表，每天在150英里的地方进行远程工作。"我从事这项工作已经7年了，"他说，"在办公室工作已经不像从前那样重要了。在IBM我们有一个程序，这是一个及时信息程序。一个人可以向几百个人提问，在几分钟之内就可以得到答案。这比在办公室工作效率更高。"

克里斯·汉森（Chris Hansen）是伊利诺伊州立大学退休系统信息服务的主管，负责分散在整个州的大约15万名成员的养老金顾问的工作。几年前，他就开始与远离尚佩恩（Champaign）办公室的顾问一起工作。

"在70年代早期当我开始从事这项工作时，使用电子通信设施和遥远的地方联系就是一种选择，但因为价格和速度，它的使用是很有限的。随着时间的变化，价格降低了，但是硬件和软件都使速度快得多，"汉森说，"从刚开始时的每个月1500～2000美元的专线费用到每个月1000美元的综合服务数字网费，再到现在我们使用DSL技术，但每个月的费用还不到100美元。未来，我们会看到卫星和无线技术将以更低的费用被广泛地使用。"

"我们有一些朋友和合作者每天都在远程工作，"汉森继续说道，"他们是项目经理、医生、销售经理和律师。"

如今，计算机技术、便携式电脑、因特网、E-mail、移动电话、电视会议和其他一系列技术可以使美国的公司以完全不同于 20 年前的方式运作。远程办公的趋势在上升；公司老板发现让员工在很远的地方工作会节约成本，而生产效率不会受到影响。实际上，根据国际远程工作协会的调查，从 1999 年到 2001 年，美国的远程工作（除了完全在家工作的以外，包括在远程工作中心、在卫星办公室、在路上，以及这些工作方式的混合）的人的数量已经从 1960 万增加到了 2800 万。小城镇通过在基础设施上进行投资来支持远程工作（例如宽带网的连接），从而加入到这个潮流中。

工作机会很多；每个项目都需要顾问和自由记者，这样雇主就不需要承担包括保险费和医疗保健费用在内的全职雇员的负担。不仅雇员愿意迁移到小城镇，进行远程工作，而且一些更新型的和小型的工厂和车间——在小城镇也不断地发展。在这些小城镇建立工厂的公司利用良好的交通条件，降低了运输成本和时间，总的说来就是降低了生产成本。

由于技术的进步，使双赢成为可能，它改变了当今美国的面貌。这种变化将持续到未来。

两个偏僻的小城镇的故事

但是，所有的这些优势仅仅为机会敞开了大门；它并不保证所有的迁移到小城镇的人或小城镇本身都能够成功。正如幽默大师威尔·罗杰斯（Will Rogers）所说"即使你目标正确，如果你只是坐在那里，你也会偏离原来的轨道。"

我们都知道有些人即使不喜欢他们的老板，挣的钱不多，他们也一直留在那个公司。他们是因为恐惧而留在那里；他们意志坚定不愿离开。我们也知道有些人频繁地从一个公司换到另一个公司，但是总是在同一个位置上——他们只是横向流动而很少尝试向高处发展，也是因为恐惧或者是缺乏自信。他们也同样坚定不移，从来不改变对自身和自身能力的看法。他们都落在了时代的后面。

> **其他人怎么说**
>
> 宽带和无线保真是诸多技术发展中的一些方面，就通信而言它能够使每个城镇处于同等地位。再加上小型的、能够买的起的商业用直升机的出现，使你能够以商务头等舱的票价享受到全国范围内的航空服务。而所有这些使你虽然处在小城市但却能够享受到大的枢纽城市的好处。但你却以较低的成本，享受着高品质的生活。

GVNW 咨询公司是一个位于俄勒冈州 Tualatin 的国有电信咨询公司。在 GVNW 咨询公司工作的多瑞恩·本辛（Dorrene Benthin）谈到需要让更多的人了解乡村，他说："一些企业仍然认为乡村地区的通信非常落后。但是这些地区也有宽带、高速网络、数字通信等等。我们还需要做更多的宣传。乡村地区的地租较低。那里的人们急切地希望有新的公司进入。他们会为新的就业机会激动，因为这样会阻止大批的年轻人外迁寻找工作。"

几个未来学家都写了关于这种趋势的书，包括哈里·S·登特（Harry S. Dent），他是《狂飙的二十一世纪》的作者。在这本书中，登特提到大多数人迁移到大城市和郊区生活或工作是不明智的，这些地区生活成本较高，生活质量降低。在未来的 30 年，登特预测至少会有 7000 万人从拥挤的、生活成本不断上升的郊区迁移出去。他们会去哪里？他认为最具有吸引力的地方是小城镇，新发展的城市，"大城市之外的地区"，甚至还会返回到较老的城区。

2002 年，《福布斯》杂志的出版商——里奇·卡尔高（Rich Karlgaard）写了一系列关于美国乡村复苏的文章。在《福布斯》杂志的一期中（2002 年 4 月 15 日），卡尔高在题为"The Boonyack Comeback"的文章中提出了他的理论："在未来的 10 年，美国小城镇的经济发展将比大城市好。小城镇尤其是临近那些理科和工科专业较强的大学的小城镇，将成为 21 世纪初期耀眼的星星。"

同样的事情在小城镇也会发生。看看俄克拉何马州的巴特尔斯维尔（Bartlesville，人口为 34568）。自从 1917 年以来，巴特尔斯维尔就是菲利普斯石油公司的总部，这个小城镇兴旺了很多年。公司为城镇注入了大量的资金，为市中心带来了新的生活，为慈善事业做了大量的捐助工作。小镇居民感到自己是菲利普斯石油家族的一部分。

2001 年菲利普斯宣布和康诺克公司合并，成为世界第六大石油和天然气公司。新的康菲公司总部设在得克萨斯的休斯敦。尽管菲利普斯公司向小镇表示仍然会有很大一部分留在那里——它的信息技术、金融、人力资源、研发和几个服务部门仍然留在巴特尔斯维尔——这个消息意味着巴特尔斯维尔不得不彻底改变自己。几年来警告信息已经很明显了：菲利普斯在小镇的就业量从 1981 年的 9100 人，减少到了 1995 年的 3200 人，进而减少到 2001 年的 2400 人。即使巴特尔斯维尔没有察觉到，小城镇的重振在很大程度上仍然依赖于它吸引新公司的能力。

这样的振作也并非前所未闻。佐治亚州的托马斯顿（Thomaston）是托马斯顿公司所在地。这个城镇就是一个只有一家公司的小城镇的绝好的例子。纺织厂的棉花来自于附近的产棉区，在这里进行纺织，这个工厂雇佣了托马斯顿（人口大约 9400）几乎所有的劳动力。在 20 世纪南方纺织业大发展的时期，宁静的小城镇繁荣昌盛，然而，从 20 世纪 90 年代开始，外国廉价的进口品开始削弱了这个工业。2001 年 6 月 14 日，仍然是地方所有和管理的托马斯顿工厂传出了将要永远关闭的消息。刹那间，250 万平方英尺的土地要出售，至少有 1400 人要失业。

托马斯顿既不惊慌也不屈服。贝齐·许伯（Betsy Hueber），托马斯顿 Upson 的商会会长回忆道，"在三天时间里，地方商会召集小镇和州官员来做发展规划。在这几天时间里，发展规划涉及到了两个主要的问题：一个是失业问题，另一个是城镇发展问题——如何吸引新的工业进入到这个 250 万平方英尺的土地上，这里大部分地区已经荒废了。"

在得到了许多政府资源的基础上，商会为失业人员提供了就业培训，如果失业人员想继续学习的话，可提供 52 个星期的失业救助。几家小的纺织厂购买了以前托马斯顿公司的部分土地，雇佣了当地的居民。州和地方官员共同努力，吸引了新的工厂进入这个小镇。新的贸易商机出现了。小镇从灾难中走出，获得了新的机会。

2001 年，托马斯顿失业率超过了 15%，但是仅仅过了一年多的时间，失业率就下降了一半。小镇从当地最大的工厂关闭后的打击中重新站稳了脚跟，建了一个 80000 平方英尺的投资大楼，购买了更多的土地扩大它的工业园区。托马斯顿的目标就是使它的根基多样化，吸引更多的像考德印刷（Qnad Graphics）这样的公司，该公司雇佣了 600 名印刷工人；雅马哈音乐雇佣了 300 人以及杜尼塑料公司雇佣了 150 人。

许多需要改变它们的未来和命运的小城镇并不像托马斯顿那样重新审视它们的未来和经济发展计划，而只是固执地拒绝任何变化。这些小城镇的市民领导和居民只是随波逐流——任其发展，其结果也是这样。这些人通常都有一个"我们肯定会做给他们看"的态度，尤其是当一家大的公司即将搬离的时候，他们并不采取任何措施。很少有人意识到公司将会很快搬迁，而小城的劳动力将会陷入低收入、不完全工作的状态。

过去的辉煌时期只属于过去。小城镇的生存可能像托马斯顿那样。在今天生活节奏飞快、不断变化的时代，繁荣的小城镇应该有远见，愿意变化，真正地期待变化，这样才能继续成长。

繁荣昌盛的五个因素

小城镇的繁荣和个人的发展是相互作用的。你可以用人口、就业和人均收入的增长来衡量一个小城镇的成功。虽然还有其他的关于小城镇成功的定义和衡量标准，但是这三个指标是可以数量化的，并且清晰地表明了一个城镇的经济健康和增长状况。

通向成功的道路不止一条，正如没有两个城镇是完全一样的（如果你从另一个侧面考虑，对小城镇的居民这样建议——为未来的战斗做好准备，因为你刚刚在交叉射击中失败）。但是，五个社会趋势和因素为小城镇的发展打开了大门；一个有代表性的兴旺之城理解并很好地利用了下述这些因素：

1. 自由的力量。许多变化——有一些发生在 20 多年以前，有一些发生在 2001 年"9.11"恐怖袭击之后，形成了美国在本土和世界范围内的企业经营方式。国家对几个产业部门的放松管制——主要是航空、电信和货运，为消费者带来了较低的价格，为这些公司提高了利润，使它们能够在新的环境中更灵活地去竞争。放松管制使这些产业更贴近消费者，更好地了解消费者的需求。

斯塔格斯铁路法：铁路改制

从 1897 年到 1980 年，铁路是美国管制最严的部门。费率、服务、汽车利用、建设、销售和铁路线路的连接都受到了严格的经济管制。繁多的规则反映了铁路曾经在美国交通运输中具有垄断地位。然而，到 20 世纪 70 年代末期，铁路在交通运输中的份额却下降到了 35%。公路运输、海运、内河运输、管道运输和航空运输占据了其余份额。

当议会在 1980 年通过了斯塔格斯铁路法案后，铁路、公路运输和航空运输被允许像其他企业一样去运作。以议院商务委员会主席雷帕·哈利·斯塔格斯（Rep Harley O Staggers）命名的斯塔格斯法案为整个运输业注入了新的生机——为 20 世纪 80 年代以前的一个衰落的行业吸引了新的企业，降低了成本，提高了服务质量和安全性，刺激了新的投资。

由于放松管制的结果，2002 年物流成本只占到美国 GDP 的 8.7%。州际货运放松管制的第一年里运输成本从 1981 年占 GDP 的 16.2% 降到了 9.5%。

伊利诺伊州法默（Farmer）城的罗杰·罗伯逊（Roger Roberson）家族货运公司，是千百个受益于这项法案的通过而放松管制的公司中的一个。在 10 年以前，公司如果要承运一条线路和一种货物，必须向 2000 个不同的部门申请。放松管制使罗伯逊公司在公平的环境中与大的货运公司竞争。在放松管制的四年时间里，罗伯逊公司的规模增加了一倍，从 2800 万美元增长到 5600 万美元，每年的销售额增长到了 1 亿美元。目前，他的公司已位居美国货运公司前 100 名之列。

例如 20 世纪 70 年代早期，西南航空公司只是一个在达拉斯、休斯敦、得克萨斯州的圣安东尼奥区间运行的小航空公司。放松管制使得西南航空公司在低成本上运行，战略定位在全美。西南航空使得消费者以较低的价格进行航空旅行，并且以高于美国其他航空公司两倍的股票价格而高居股票市场榜首，从而得到了回报。

2001 年,"9.11"事件后,全球化和全球经济遭受了严重的、但并不是不可预料的衰退。类似的全球衰退发生在 20 世纪 30 年代,首先引发了经济大萧条,继而是第二次世界大战。在二战期间(现在有不断进步的技术来防止恐怖袭击),边境紧张、国际贸易下降、国际运输的运费和保险费上涨,贫穷者——不论是人、公司还是国家——都因贸易紧缩而处境困难。

全球化和贸易自由化使企业不断地转型,国际竞争削弱了曾经势力强大的美国巨型公司。一个例子就是伯利恒(Bethlehem)钢铁公司的破产,这个公司在 20 世纪 60 年代日产钢量超过 8000 吨。拥有巨大生产车间的伯利恒被海外的小公司和美国新的竞争对手击败了,因为它们使用了更有效率的生产方式和新技术生产钢。

并不只是伯利恒钢铁公司消亡了。虽然美国对钢的需求量以每年 40% 的速度在增长,但是从 1979 年以来,美国钢铁公司的就业量减少了 35 万人。自从 1998 年以来,至少有 27 家钢铁公司破产了。老的大型钢铁公司被那些生产效率更高的小型公司替代了——其中 22% 都是海外公司。

在全球化中最容易失败的都是那些巨大的、臃肿的、思想落后的公司——这些公司劳动力成本很高,很少利用效率更好、生产率更高的新技术。成功的是那些适应力强、规模小、采用新技术来提高生产率和提高服务水平,通过降低生产成本而进行市场扩张的公司。全球化是民主和自由的直接产物,它为消费者带来了最大的好处。

这给小城镇带来了什么?越来越多的原来在大都市区的公司和企业,现在都看到了把生产车间和工厂迁移到小城镇——原来是地方性的小市场的好处。随着当今技术的发展,小城镇和大城市市场的界限越来越模糊,甚至消失了。小城镇由于自由的力量而逐渐占据了有力的地位,已经并将继续影响本国和外国的经济。

2. 积极肯干的劳动力。公司喜欢乡村和小城镇的劳动力。实际上,乡村劳动力是吸引公司迁入小城镇的主要原因。约翰·C·艾伦(John C. Allen)博士是内布拉斯加——林肯大学乡村社会学的副教授,她告诉利萨·A·巴斯琴(Lisa A. Bastian)(为《地区发展在线》写作),乡村的人们知道"他们的道德,尤其是责任;他们把工作看作是职业,而不是工作;他们工作不只是为了挣钱,而是帮助公司成功"。根据艾伦的调查,只有 3% 的内布拉斯加的乡村人口打算迁移,通常他们都会想方设法留在自己的城镇。

兰德尔·谢德(Randall Shedde)是亚拉巴马州卡尔曼(Cullman)县的经济发展主管,他了解积极肯干的劳动力的力量。"我们发现根植于坚实的农业基础上的经济对我们的工业发展是一笔资产。"谢德说道:"萨姆·沃尔顿(Sam Walton)（沃尔玛的奠基人）说当他走遍卡尔曼县，看了所有的鸡场后，使他想起了自己的家，他知道卡尔曼县的人们会有所作为。他说那是他选择卡尔曼县作为第一个100万平方英尺配销中心的主要原因。"

小城镇的人们有高度的工作热情，部分原因是他们中的许多人是在农场长大的。农场的一天劳作是漫长的：从来都有做不完的事，从事体力劳动，而且很艰辛。农民知道四个要诀：耐心、坚韧、坚持和也许是最重要的永恒。他们努力工作，睡觉，第二天早晨很早起来，日复一日，年复一年。让某个有这种工作伦理的人每天在工厂、车间、商场和办公室工作8小时，简直是件小事。犹他州的一名乡村劳动者最近被一家公司雇佣了，当公司告诉他劳动节放假休息时，他说"你的意思是说我休息一天，还有薪水？"

你还会发现同样的工作伦理在那些从来没有在农场生活过，但是一直生活在小城镇的人身上存在。小城镇的人更愿意投入到他们的社区和工作中；相反，在大城市的人，有较大的迁移动机。认识到这一点的公司更愿意迁移到乡村，因为在这里能找到努力工作的、可靠的劳动力。

直到本世纪前几年，人们一直在迁移，从一个城市到另一个城市，从一个工作到另一个工作——追逐金钱——公司很满意，因为有人在不断地追寻它们。现在，反过来了，至少在乡村地区：公司在不断寻求较小的地方，投资更有效的地方，然而乡村居民满足于留在原地。他们不需要追逐金钱，因为金钱在追随他们。

3. 较低的成本。大体上来说，在乡村地区企业的运营成本要比城市低得多。logistics公司是一个帮助公司提高效率和节约成本的咨询公司，在2000年作了一项关于美国配送商品成本的比较研究。发现小城镇相对于印第安纳波利斯和孟斐斯这样的中等规模的城市，在地租、劳动力、生产力和房价等成本上有显著的节约。对于一个每天有50000批发货量的公司来说，如兰迪士·安帝或者L·L·Bean每年的成本节约根据区位的不同，达到了500万~3800万美元不等。

4. 不断改善的交通和通信条件。在过去的一个世纪，交通和通信条件都极大地改善了。根据世界银行的资料，当今的交通和通信费用比起20世纪20年代要低得多：海运费用只相当于20年代的30%，航空运费是20年代的18%。越洋电话费用（大约是20年代的1%）的比较更为显著。

一般来讲，大城市都位于交通和通信的枢纽：铁路、港口或者河流的交汇处。大的企业如果选址的话，肯定会选择在大城市，利用大城市大量的劳动力和货物运输的便捷优势。但是，如今随着复杂的通信网络的发展，这个逻辑就不正确了。随着更多的人远程工作，家庭和工作地点的界限已经很模糊了。互联网的使用就是人们如何改变企业经营方式的极好的例子。1990年，除了少数科研人员外，互联网还几乎不为人们所知。到了1997年，大约有5700万人使用因特网（包括那些只用互联网来收发电子邮件的人，总共有7100万人）。在2002年春天，《商业周刊》（Business Week）估计有超过5亿人使用互联网。人数在呈指数上升；在不远的将来，互联网的使用人数和电话的使用人数（目前全世界电话的使用人数是7亿）之间的差距将缩小，直到消失。

通过互联网，公司能更容易、更有效地和客户联系。供应商、批发商、消费者通过互联网能购物、追踪商品信息、计价和获取其他的信息。对小城镇来讲，这是一个福音，因为它推翻了在信息技术改变美国商业面貌之前阻止大企业进入它们的围墙。

小城镇的另外一个福音是新的航空技术的到来。很快，小型喷气式飞机的价格就会降到200万美元以下，短距离飞行又快又便宜（大多数飞行计划都是通过网上来完成的）。美国国家航空和宇宙航行局（NASA）在20世纪90年代后半期进行了一项关于企业运作效率的研究，发现大多数航空旅行包括500英里左右距离的，走商业航空线路的并不比公路快。今天的轮轴式的航空线路——美国有31个轴心的700个轮轴——不利于500英里以下距离的航空旅行。根据国家航空和宇宙航行局的研究，门到门的公路运输和航空运输一样快捷。但是未来的喷气客机使旅客从一个小机场迅速到达另一个小机场，避开了枢纽中心，而价格较低。目前超过5000个小机场每年有大概3700万架次的飞机起落，但是国家航空和宇宙航行局估计这些机场能够容纳5亿架次的飞机起落。

小飞机的另一个优势是它的灵活性：商用喷气机能够在全国的580个机场起落，而私人飞机能够直接在5400个机场起落。目前，超过80%的美国航空旅行是由最繁忙的1%的机场完成的，当大的运营商减少了它们经停的城市（从1978年的463个到20世纪90年代后半期的268个），航空旅行更令人沮丧。考虑到98%的美国人居住在距离5000多个小机场驱车30分钟就能到达的范围，你就能够看到乘坐新的小型的喷气机旅行的趋势。

5. 生活质量。这个因素很难量化，但是不可否认，小城镇的田园式的生活像磁铁一样吸引着人们和企业。道理很简单：有关心他们的邻居和在小城镇努力工作的人们；再加上较低的生活成本和扫除了在小城镇发展的障碍的科技革命；还有清洁的环境以及与大自然例如湖泊、山、森林和河流接触的便捷性；较短的通勤距离和较低的犯罪率。

小城镇的诱惑部分在于"空间"。一些人在大城市感到窒息，因为那里有大量的建筑物和大量的人口。到乡村去，不仅能使他们呼吸到新鲜的空气，而且有空间去伸展，而不至于碰到其他的人。美国每平方英里的平均人口密度，四舍五入到整数大致是全国80人，大都市区是320人，非大都市区是20人。或者如图2.1所示，人均土地面积大都市区是2英亩，全国是8英亩，非都市区是32英亩。

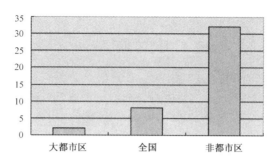

图 2.1 人均土地面积

小城镇的另外一个特点是居民相信他们能够使自己的社区与众不同。这样能够产生一种活力和共同的兴趣，而这是在大城市看不到的。正如下面的一些例子所揭示的：

1994 年 6 月 6 日，科罗拉多州的格林伍德斯普林斯（Glenwood Springs）像往日一样开始了新的一天。这是一个宁静的山区小镇，因为它的自然资源和建于 19 世纪初的几个大的旅馆而闻名。当闪电击中了小镇西部几英里的地方时，引起了大火。下午，在燃料、地形和风的共同作用下，火势变得非常猛烈，山坡上浓烟滚滚。12 个消防人员和几个居民都牺牲了——这是自 20 世纪 50 年代以来，森林火灾中损失最大的一起。通过筹集资金和举行纪念性的活动，格林伍德斯普林斯的受害家庭很快得到了援助。一个暴风之王的纪念馆纪念着为保护小镇而牺牲的 14 个人。

2002 年 3 月 20 日，加利福尼亚州内华达城的一个饭店遭受火灾，虽然没有人员死亡，但 58 个人失去了工作。几天之内就建成一些酒吧和饭店，它们每天的销售额和小费的 1% 用来资助这 58 个失业的人。接下来的几个月中，30 个地区的音乐家花了大量的时间进行义演。总共，募集了 5 万多美元来帮助那些因为大火而失业的人。

面对 9.11 的恐怖袭击，印第安纳州的杰克逊县，建立了一个基金，专门用于资助那些失去生命的公民和救援人员的子女。只有 40000 人口的杰克逊县为基金筹集了 12.5 万美元。

成功的 8 个秘诀

使小城镇的人们成功的因素都具备了，但这并不表明小城镇的成功会自发产生。许多小城镇在前进的路上枯萎了，就是这个原因所致。

第 2 章 回到乡村都市

小城镇的人们成功的因素可以归结为 8 个秘诀。这些秘诀对于大城市的人们来说也同样重要，但是个人对大城市的影响力是很小的；个人对小城镇的影响却能使一个城镇要么成功要么毁灭。

这些秘诀——可以应用于个人、公司和城镇——虽不是同等程度地作用于所有繁荣的小城镇但合起来，却能使一些城镇明显区别于那些走向衰亡的城镇，从而繁荣昌盛。这些秘诀将在以后的章节中详细论述。它们是：

1. 采取肯干的态度
2. 具有远见卓识
3. 利用你的资源
4. 提拔强有力的领导人
5. 鼓励企业家精神
6. 保持地方控制
7. 建立自己的品牌
8. 利用跷跷板效应

在美国的乡村投资——回报丰厚

1962 年，萨姆·沃尔顿（Sam Walton）在阿肯色州的罗杰斯（Rogers）开了他的第一家沃尔玛店。很巧合的是凯马特也是在 1962 年开始的［公司的前身是 S.S. 克雷斯吉（S. S. Kresge）］。凯马特的部分战略是占领城市——一个似乎很合理的战略，因为城市的人口密度大。很显然，凯马特不会在人口少于 50000 的城市开店，它的零售店紧紧围绕着配送中心，都位于或者靠近城市市场。

萨姆·沃尔顿有另外一套理论。居住在乡村地区的人们从折扣店购买商品，他们为什么就不能这样做？也许更重要的是：在乡村地区配送中心和零售店的成本较低，难道不是这样吗？这两个问题对于沃尔顿来说很有说服力；他知道问题的答案。1970 年，他选择了阿肯色州的本顿维尔（Bentonville）（人口 5508），作为公司的总部，并且在此建了第一家沃尔玛配送中心，他开始把沃尔玛建在小城镇，然后向郊区和城市发展（由于沃尔玛的大规模扩张，本顿维尔的人口到 2000 年已经增加到了 19730 人；今天小镇已经成为弗耶特维尔-斯普林代尔-罗杰斯（Fayettville – Springdale – Rogers）大都市区的一部分）。

很快沃尔玛和凯马特之间展开了竞争，就像戴维（David）与歌利亚（Goloath）之间的斗争一样。1971 年，凯马特是沃尔玛的 30 倍，明智的人应该把钱投在凯马特身上，从中获利。毕竟，凯马特的净收益要比沃尔玛大得多。

明智的人也把钱用错了地方。

错在什么地方？如果你在每个公司投资1000美元购买原始股——沃尔玛在1970年

10月上市，凯马特在1976年4月上市——那么你的投资，到2002年11月18日，在凯马特只获取了29美元的收益，而在沃尔玛却获取了630万美元的收益。为什么在11月18日？那天是凯马特的股票从纽约股票市场退出的时候，因为公司在2002年1月破产了。由于公司的破产，凯马特——它的配送中心都在大都市区，关闭了610家店面，80%都位于大都市区。

  如今沃尔玛有90个配送中心，它们中的70个都在大都市区之外。凯马特只剩下17个配送中心，它们中的12个位于50个最大的都市区。沃尔玛的配送体系为未来的发展塑造了一种模式。沃尔玛的配送中心和零售店选择在乡村地区的区位决策证明是击中歌利亚的一块石头。还记得你在凯马特股票上投资的1000美元吗？当公司在2003年5月从破产中重新复出的时候，它的价值是零。你投资于沃尔玛股票的1000美元又如何呢？在2003年11月，它已经涨到了7200万美元。

第 3 章

秘诀之一：采取一种肯干的态度

罗伯特·F·肯尼迪（Robert F. Kennedy）有一句关于"肯干"（Can-Do）态度的极好的名言："有些人看待事情就像它们所发生的那样，并且问为什么……我梦想从来没有发生的事情，并且问为什么不这样？"

我们的国家建立在肯干的态度上。没有这种态度，美国国内革命就不会发生；就不会获得独立。1849年淘金热中人们就不会发财。奴隶制不会消失，人类就不会登上月球。由于这种积极的态度，美国经受得住大萧条和几次世界大战的考验，成为世界的领导者。国家也见证了在危急时刻，人们齐心协力，例如"9.11"恐怖分子袭击纽约市、华盛顿特区和宾夕法尼亚州。总之，如果没有肯干的态度，美国就不可能是今天这样。

这种态度来自于一种精神，这种精神的内核是美国人是谁，而且它们意味着：机会和自由。肯干的态度来自于人们相信自我和自我的能力，以及无所畏惧地追求自己的理想、希望和梦想。在这块充满机会的土地上的自由和民主之下，无数的美国人实现了自己的梦想。

早在美国之父在羊皮纸上写下这些宗旨，并正式列入《独立宣言》、《宪法》和《人权法案》之前，自由和个人主义就是美国的推动力。美国人民相信他们自己和他们的梦想，因为他们没有理由不这样。

当然，并不是每个美国人都有一种肯干的态度。人是很复杂的，每个人都是由他自己的环境、成长和经历所塑造的。并不是每个人在生活中都有同样的机会，也不是每个人都有同样的世界观。

在谈到一个城镇的健康和发展时，某些人——市长、城镇代理人、商会会长、经济发展者和城镇参议会成员，在他们的讨论、议程和目标中都渗透着一种肯干的态度，这是一种理想。但这并不意味着没有分歧，意味着不同的观点会以一种合作的精神公开，问题主要集中在什么是对城镇最好的，人们怎样合作才能达到这样的目标。

一切都始于态度

兰斯·阿姆斯特朗（Lance Armstrong）于2003年赢得了他的第五个环法自行车赛冠军。这是一个令人震惊的成绩，但当你知道他1996年就被诊断患有癌症时，你会认为阿姆斯特朗的成绩更了不起。在生死关头，阿姆斯特朗挺过来了，并战胜了癌症。从 1999 年开始，连续五次赢得了世界自行车赛冠军。

只说到阿姆斯特朗有一种肯干的态度还不够全面。更值得一提的是他骑的自行车是由崔克（Trek）自行车公司生产的，这是一个位于威斯康星州的滑铁卢（Waterloo）乡村都市的私营小企业。1976 年，当崔克在只有 5 个雇员的厂房中开始生产的时候，没有人会预料到有一天它会打败思汶（Schwinn），路霸以及其他的自行车巨头。虽然美国的自行车厂商都被外国竞争对手打败了，但是崔克却因为高速、质量上乘的产品而开辟了一席之地，成为美国最大的自行车生产厂。

崔克的历史有点像兰斯阿姆斯特朗。20 世纪 80 年代中期，由于较差的质量，公司几乎倒闭，他的许多经销商都离开了。然而，正如它的著名骑手一样，崔克坚忍不拔，克服了巨大的困难，解决了它的问题，投资于新的技术，成为这个行业的领导者。在每一个案例中，态度在坚忍不拔、克服困难、最终取得胜利中，起着关键的作用。

同样的事情也会发生在城镇中。看看华盛顿州莱文沃思（Leavenworth）镇的故事。

莱文沃思镇位于 Wenatchee 国家森林的山区中，在 20 世纪前半叶是一个锯木厂和伐木小城镇。北方大铁路公司离开小镇后，伐木和锯木工业慢慢衰落了。几十年的时间里，莱文沃思都处在消亡的边缘。到 20 世纪 60 年代早期，镇上的人口从 5000 多人减少到了 1100 人。市中心都是些贫民窟。但小镇并没有惊慌。

维斯塔青年女子俱乐部的 11 名妇女，亲眼看到年轻人都离开了小镇，决定做一些事。1962 年，她们在华盛顿大学召集成立了社区发展委员会（Bureau of Community Development），来为小城镇的未来发展寻求建议。市长比尔·鲍尔（Bill Bauer）回忆道，"他们在小镇花了大量的时间，提出了很多建议。大学的人并没有给她们答案。超过 2/3 的城镇居民都参与了，结果小镇自己找到了问题的答案。他们看到了旅游业的前景。有两个人在小镇附近开了巴伐利亚风格的饭馆，巴伐利亚主题的思想就开始产生了。当市议会同意了这个想法时，我不知道他们那时的热情有多么高涨。"

其中的一个名叫特德·普里斯（Ted Price），他在一本名为《神奇的小镇》[普里斯和罗杰（Price&Rodgers），1997 年] 中描述了当时的情形。这是一些他回忆的，当时参加早期会议的市民们的反映：

"这不可行！"

"资金从哪里来？"

"你不是专家——没有专业知识，你们怎么知道如何去做？"

"你为什么不任其发展下去？为什么要改变小镇？"

"我们不需要来自于西雅图的外人！不需要外来人告诉我们怎么做！"

"为什么是一个德国主题？我们这儿没有太多德国人。"

"旅游不是一个产业——我们没有从旅游者身上赚取一分钱！"

"你们只是使我们失去了很多钱！"

尽管有些反对意见，但是普里斯和其他一些人努力推进。他和他的合伙人花了29350美元买下了6栋旧的建筑。拉维恩·彼得森（Laverne Peterson），原来的11个青年女子俱乐部的成员之一，冒了很大的风险，她把自己的美国风格的旅馆重新装修成德国风格的。到60年代中期，几个组织重新装修了12栋建筑，1968年4月的《展望》杂志称莱文沃思镇是"全美国所有城镇中最卓越的一个，因为它最真诚、最开放，鼓励市民关注、行动起来，证明美国人仍然能够齐心协力，和平共处。"

市长鲍尔说："从这里我们开始发展了，我们没有得到联邦和州的资助。我们自己投资，一个巴伐利亚的乡村小镇的思想开始起飞了。全年我们都有很多的节日，每年吸引超过150万的游客。"目前，小镇正在装修一个旧的水果店，要把它变成一个社区活动中心，并且已经和奥杜邦协会合作建立了一个特殊的观鸟中心，正在帮助苹果园的农场主，以使他们的产品多样化。例如，在果园区开办了几个葡萄酒酿造厂。

如今的莱文沃思是一个有着2074人口的、充满活力的、前途光明的发展中的城镇——感谢那些想为城镇的年轻人提供良好条件的妇女们以及有远见的想把城镇变得与众不同的人们，这些人坚定不移，付出了很大的努力并获得了成功。

半空还是半满？

当铁路和伐木产业衰落时，莱文沃思看它的玻璃杯是半满的。毕竟，小镇人口不多，没有其他的产业可以依靠，没有任何希望重新使那些历史上曾经支撑这个小镇的产业复苏。

它很容易变成一座死城——当经济向南发展，小镇的居民都死了或迁移了，剩下的人无法改变小镇，小镇就完了。在死城或者即将死去的小镇中的人，通常看不到任何出路。事实上，他们通常被小镇衰落的惯性所推动，而没有时间去想解决的办法。

"能做的诗"

我最喜欢的诗是一个可以应用在小城镇的匿名诗,叫做"能做的诗。"它的部分词如下:

如果你认为你被打败了,那么你就被打败了

如果你认为你不敢,那么你就不敢

在非常容易的事情上,如果你不想赢,而且认为你不可能赢,你就不会赢

因为生活的斗争并不总是属于强者和速度快的人

迟早,胜利的人就是那个说我能的人!!

印第安纳州的特尔(Tell)城:一次建设工程的经历

特尔城,位于印第安纳州南部的一个河边城镇。是以威廉姆·泰尔(William Tell)的名字命名的,它是1858年由瑞士的移民建立的,是一个合作的社区,一个木制品加工中心。有8000居民的小镇离最近的州际公路25英里。宽阔的街道、大树、起伏的山丘、俄亥俄河流两岸的树木繁茂的土地为这个古老的小镇增添了许多魅力。

特尔小镇在20世纪80年代和90年代初期经历了困难时期。特尔小镇的切尔(Chair)公司,在1996年倒闭了,这是一个有1000名雇员的家具制造公司;通用电气工厂的雇员从80年代的2000人减少到了2002年的105人。格雷格·沃森(Greg Wathen)是佩里(Perry)县经济发展处的处长,特尔镇就位于佩里县。他在1992年上任,并带来了一种肯干的态度。格雷格说:"如果你建设它,他们就会来,如果你不建设它,他们就不来。"

怀揣这样的一个简单的哲学道理,对未来有一个乐观的看法和坚定的信念,沃森开始着手解决问题——在城镇其他人的帮助下,拯救特尔城的经济。1994年,沃森与特尔城港务局磋商从诺福克南方公司购买了26英里的铁路。诺福克南方公司已经放弃了进入小镇的铁路线。第一年,重新命名的Hoosier南方铁路运输公司只有8辆列车。现在每年为地方和区域公司运输的货物超过了2500车次,使这些公司具有较强的竞争优势。地方银行拨出500万美元用于城镇的这条不稳定线路的贷款。

在90年代中期,特尔城由于它的中心区位和接近消费者而成为一个大公司选址的重点考虑对象。沃森知道这个项目将会使他的家乡复苏。然而,这个位于河岸的小镇由于地形起伏,建设适宜的基础设施很困难。有一天,当公司的总经理和沃森从泰尔城飞往印第安纳波利斯的时候,总经理注意到,他的的确确喜欢上了这个城镇,完成这个项目的障碍一定能克服。

当时,没有任何人的授权,沃森开始着手工作,工作做得很好。在州和地方基金的支持下,投资几百万美元完成了200万立方英尺的印第安纳州历史上最大的建筑工程,

它提供了 900 个工作岗位，人均工资每年超过 40000 美元。沃森的方法揭示出肯干的态度能改变一个城镇，使一个慢慢衰落的城镇转变为一个充满活力的、不断增长的城镇。

像莱文沃思镇一样，城镇里的人们能够压住惊慌，从不同的角度分析自己的处境。他们花时间重新改造他们的小镇，并且做出"B 计划"，这是个结果会超过预期的计划。对于小镇的人们来说，当地方经济衰退以及企业即将关闭或离开的时候，不难发现很多问题。但是莱文沃思镇的人们看到他们的杯子是半满的。即使当行动的列车开始行驶的时候，他们也看到了挑战背后新的机会。

在小城镇，被挑战赋予力量的以及致力于解决问题的人们能够影响整个城镇；他们能够使其他的人加入他们的队伍。然而只是怀有希望和乐观是不够的。你必须把具有远见的思想和坚韧不拔的决心结合起来，实施一个来自于这种思想的新的计划。当这些优点都结合起来的时候，他们形成了一种对个人和企业的成功都至关重要的肯干的态度，尤其是在困难时期。

肯干的态度字面的意思是防卫者；你可以挥舞着这把利剑来防御敌人的进攻。在莱文沃思的例子中，敌人——逐渐衰退的经济——显然要进行致命的一击。但是，在这种精神和态度的指引下，小城胜利了。

不同的个性类别

所有的城镇都是一个有机体；他们能够繁荣或衰退，兴旺或者枯萎，增长或者衰落。城镇也像人一样有个性，有精神状态。这些个性可以用下列一些动物描述：

- 骡。驱车进入一个骡城（Mules Town），你会有一种感觉，这种城镇不仅反对变化，而且很骄傲于它们目前的状况（几代人都是这样）。"我们的前辈对我们所做的已经足够了"，这是骡城共同的特点。骡城骄傲地满足于它们自己和它们所做的一切——即使时光已经过去了 50 年。
有时，人们还反对变化，拒绝任何机会，即使变化能给城镇带来好的机会。许多森工城市和铁路城市衰退了、萎缩了，因为即使当变化对它们的健康发展有利时，他们也坚决拒绝变化。在这种情形中，它只是一种虚伪的舒适，它的确知道"不要屈服，不要改变目前状况"——痛苦的后果是因为倔强的和故意的沉溺于过去，而过去对目前没有任何作用。
- 田鼠。田鼠城镇不像它们的骡城同胞一样有强烈的态度——但是它们同样有悲观的前景。田鼠城镇总是落在时代的后面，从来不在前面，经常落后是因为它们不想改变，不愿意考虑变化，不去思考，不愿冒险，不够大胆。它们欣赏肯干的态度，但是没有足够的集体力量掌握这种精神来改变城镇衰退的状况。像骡城一样，它们拒绝变化，但是田鼠的拒绝是由于害怕，不是倔犟。

这类城镇对于失败的恐惧大于对于成功的渴望。一个田鼠城镇有很多关于如何发展新的商业的想法，但是人们没有足够的勇气来实现它。那样的城镇想吸引企业，但是不付出实际的行动。它们只是谈论对未来的投资，利用他们的资源获取较大的竞争优势，复兴它们的城镇，但是任何事情都实现不了。有些事情都快发生了，但是城镇不愿意迈出最后一步促使它发生。

其结果，田鼠城镇落入进步的城镇的尘埃中。它们看到了其他城镇的成功，渴望或者嫉妒地说，"这种事也会发生在我们这里，我们也会这样做。"它们可以这样做而且应该这样做。但是它们没有做，他们只是对事实很懊悔。那样的城镇只是许诺，从来不实现它们的诺言。

- 豺。深入分析，豺城也很胆小，但是它们的反映和田鼠城镇有很大的不同。豺抨击和嘲笑那些冒险和迎接新的挑战的城镇。它们宁可坐在后面看别人的失败，也不向前去，试图自己成功。像骡和田鼠一样，他们拒绝变化以一种态度来定义就是不肯干的态度。

  豺城具有寄生性：它们想靠别人的成功来生存，即使它们嘲笑那些敢于冒险的成功城镇，嘲笑帮助这些城镇成功的态度，嘲笑敢于冒险迈出第一步的城镇。例如，看看对自己充满信心而且自己投资，做得很好的旅游城镇——它们只是假装蔑视这个距自己10英里之外的相邻的城镇。邻城的人会说"我们从来不向自己妥协，而是更进一步发展旅游业。"但是，它们并不拒绝由于邻城的"妥协"而给它们带来的旅店和饭店业的发展。

- 鹰。除了其他一些品质以外，鹰城还拥有能够促使并且保持城镇成功的积极的态度。鹰城不怕别人怎么看它们；相反，它们致力于自己所需要的、想要的以及想办法去得到它。

  撒切尔·佩吉（Satchel Paige），伟大的棒球投手，曾经说过，"不要向后看。你会有所收获的。"骡、田鼠和豺都经常向后看，但是鹰一直坚持向前看。鹰很有远见，这就帮助它们获得了自己想要的东西。它们是勇敢无畏的；它们不去注意流言蜚语，小的事情，"假如……"等这些大众观点。当然，鹰指代真正的鸟时，它们飞翔去捕食；在指代城镇时，它们努力达到自己的目标，使它们的理想得以实现。

  鹰城能够看到其他城镇所看不到的机会——或者害怕冒险。鹰城知道它们自己的缺点，能够很好地利用它们的优势。它们具有短期和长期的战略规划。它们的计划可能并不比其他城镇的伟大，但是鹰城知道何时开始行动。致力于繁荣和增长，鹰城在发挥它们最大的潜力方面成了领导者和楷模。

当然，并不是所有的城镇都完全符合这些类型。在很多情况下，城镇之间存在着内部竞争；在地方领导、企业和公民身上能看到三个甚至四个类型的混合。许多时候，一个城镇保持中立的态度，因为一方面是骡城和田鼠城之间的激烈的竞争，另一方面可能是一些鹰城之间的竞争（整个竞争中，豺进行着嘲讽）。成功的城镇在最小程度上进行着竞争，这并不妨碍它们的发展。

态度在起作用

在房地产中，关键的因素可能是位置、位置还是位置，但是佐治亚州的道格拉斯（Douglas）没有让它的不甚理想的位置妨碍它的发展。道格拉斯距离最近的州际公路51英里，它没有让这个劣势阻碍它的发展。

像许多小城镇一样，道格拉斯在80年代早期处境困难。沃尔玛把它的配送中心选在了道格拉斯，主要考虑的是它有丰富的劳动力和很强的工作伦理。从此以后，道格拉斯就开始发展了。从1996年到2001年，城镇增加了2016个制造业就业岗位和12个新企业，它现有的许多企业也在不断地扩张。4个人中就有1人在制造业就业，相比之下，整个州平均是11个人中有一个人在制造业就业。其结果是道格拉斯的整个经济就繁荣了。萨洛林·斯坦福（Saralyn Stafford），是地区商会会长，他在2002年末说道，"去年商会引进了64个新的企业。今年平均每两个星期引进一个。"

下面是一些像道格拉斯那样的城镇的例子，反映了一种肯干的态度。

- 南卡罗来纳州的纽贝里（Newberry）镇：纽贝里全力以赴使日本的一家制造工厂在考虑了20个州的50个城镇之后，落户于小镇。
- 内布拉斯加州的诺福克镇：诺福克镇看到为了生存必须提升它的技术水平，建立了一个500万美元的州艺术终身学习中心［其中100万是由当地的名人约翰·卡森（Johnny Carson）捐赠的］。
- 伊利诺伊州的马里恩镇：马里恩镇通过各种方式为它的市民获取了800多个就业岗位，包括税收增额融资（TIF）。2003年城镇计划在100英亩的土地、总计1亿美元的新的投资项目中增加一个新的TIF，再增加200个新的就业岗位，以及5000万美元零售额。
- 俄亥俄州的韦弗利（Waverly）镇：www.cityafwaverly.net 的网站上有很多关于这个友好的进步的城镇的内容。市长主页以这个小城镇为例阐述了肯干的态度，赞扬了他的市民和积极热情的行动。年薪12000美元的市长凯利（Kelly），把他的热情传播到了整个城镇。

- 怀俄明州的吉莱特（Gillette）镇：由当地的农场主、牧场主和铁路工人开始，这个遥远的小镇把自己称为"国家的能源之都"，地方经济发展组也吹捧自己"我们有能源。和我们一起加入到未来的冒险中去吧！"事实上，当地的矿山提供了美国煤炭需求量的30%。但是Gillette的人们还意识到他们的经济健康依靠于持续的增长和地方产业的多样化。当地市民联合起来购买土地建设能源园区和吉莱特技术中心。

两个城镇的故事

珀鲁（Peru）和拉萨尔（LaSalle）是两个相邻的沿着伊利诺伊州北部的伊利诺伊河发展起来的离奇有趣的、古老的城镇。多年来，它们一起成长，但并不知道两个城镇之间的界限。它们的名字像一个小孩一样联在一起，我总是认为城镇的名字应该叫拉萨尔-珀鲁。拉萨尔是兄长，在两个城镇的零售业和银行业上具有主导地位。

20世纪60年代早期，80号州际公路建在距离两个城镇北部3英里的地方，人们对于州际公路如何影响当地城镇中心有很多的看法。两个城镇都需要建立大量的基础设施使城镇和州际公路连接起来。珀鲁决定这样做；拉萨尔不愿做。珀鲁城的政府官员投资了10万美元扩展供水和污水系统来和州际公路连在一起。

自从1965年以来，东·贝克（Don Baker）就是珀鲁城市的市长，他回忆当时也有反对的意见。《每日新闻看台》和他的编辑认为这样做是疯了，煽动许多人反对我们试图和州际公路连起来的做法。因为报纸是在拉萨尔城，所以它对拉萨尔的支持总是胜过珀鲁。"

巴布·科赫（Barb Koch）是伊利诺伊州河流域商会和经济发展处的负责人，他回忆道，"大多数人认为州际公路离城镇太远了，但它是本地的出路。市长贝克和他的领导班子认为他们这样做是正确的"。从那时起，对市长贝克的反对意见就几乎平息了，因为公众已经看到珀鲁城从它的具有远见卓识的领导者身上所获得的收益。贝克的任期在2005年就到了，他希望能继续担任这个城镇的第11任市长。

那么拉萨尔城又如何呢？在1970年拉萨尔城的零售额比珀鲁城多10%。然而，30年后珀鲁城的零售额几乎是它的邻城拉萨尔的6倍。那意味着，珀鲁城每年能为它的市民增加500万美元的销售税税收收益。而且，因为与州际公路相连，许多新的工厂也落户于珀鲁城。所有这些成绩都来源于几十年前的10万美元的投资。

肯干的特征

一个肯干的态度是：

远见。能够看到别人看不到的机会。

诚实。当问题出现了他并不回避，而是勇敢地面对。

能够看到问题背后的东西。他喜欢挑战，能够解决问题。

勇敢。他不怕冒险，预先考虑到了风险。

知道优缺点。做出相应的计划。

团队精神。他考虑到了所有人的优点，不只是选择一些人，他利用大多数人的力量来达到目标。

不以自我为中心。他能够接纳新的建议和其他人进行磋商。

有直觉。他知道什么时候开始采取行动。

专注。他专注于目标，在达到目标的过程中在需要的时候做出调整。

坚定。虽然他考虑到了反对意见，但是他并没有被没有根据的反对意见或像骡城、田鼠城和豺城那样的大众的观点所左右。

不懈。他从不放弃。

培养肯干的态度

当一个城镇的人们注入了肯干的态度时，这个几十年都没有发展的城市会获得新的力量，像鹰一样展翅翱翔。

艾奥瓦州的黑瓦登（Hawarden）镇就是一个这样的例子。在 20 世纪 90 年代中期，黑瓦登（人口：2478 人）在和总部设在丹佛的地方电报运营商谈判的过程中遇到了困难。黑瓦登知道电信在未来的成功中日益起到重要的作用，所以它想提升它的科技水平，但是遭到了电报公司的反对。

市民们并没有不屑一顾地说，"上帝啊，那太糟糕了。我希望他们能为我们做点什么"，而是采取了行动。1994 年，黑瓦登的市民们一致通过了一个关于成立市电信、电报公司的公民表决。小镇发行了 450 万美元的公债，建立了自己的混合光纤同轴网络。这项新的技术留住了 Coil Craft 公司，这是一个手机零部件生产厂商，在小镇的就业人口达到了 250 人。因此黑瓦登获得了发展的动力。

那是一种理想——当所有的关键人物都有一种肯干的态度。在现实中，大多数城镇都有观念顽固的坏脾气人。一个成功的城镇不让那些反对的、目光短浅的或者胆小的人阻挡它前进的步伐。一个极其成功的城镇会做得更好：它赢得了观念顽固的坏脾气人的支持，至少在某种程度上，使老爱唱反调的人也在城镇的繁荣和发展中起到了一定的作用。

你不一定是一名伟大的演说家或者一名有说服力的销售商来使其他人相信肯干的态度。培养那种态度的最有效的方式就是简单地生活在其中，使它成为你生活中必不可少的一部分。当然，具有鹰的态度——帮助你的城镇采取那种态度

——说起来容易，做起来难。你可以利用 PEOPLE 方式赢得人们的支持。

计划（Plan）——做一个特殊的计划来赢得那些反对者的支持。

谋求同盟（Enlist allies）——包括那些和你一样对项目有热情的人和看到小镇发展潜力的人，还有来自于城镇外的关键人物。

观察反对者（Observe opponents）——了解和尊重那些对项目持反对意见的人，用充分的理由反驳他们，说明为什么这个项目值得进行。

提交计划（Present the plan）——描绘一幅由于项目的实施，城镇繁荣发展的蓝图。

用榜样去领导（Lead by example）——具有远见，了解问题，坚持决定，考虑到风险，建立团队，善于接纳意见，集中力量，从不放弃。

让其他人参与（Engage others）——尽可能在项目的早期让更多的人参与进去。赢得反对意见的一个有效的方法就是在项目的成功实施中让他（她）参与进来，让他在这个项目中起主人翁的作用。

下面是关于这 6 个步骤如何实施的更详细的说明：

计划。在你赢得人们的支持之前，你必须做出一份特殊的计划。如果你不向他们说明他们如何能从中获得收益，他们是不会支持你的，也不会从你的角度去思考问题。

例如，可能你看到了吸引一个软件发展公司的机会，甚至建了一个能够容纳几个科技公司的高技术园区。但是你的小镇不是一个高技术城镇；如果你想使这个项目进一步完成的话，你需要准备报告和数据来对你的城镇的未来金融状况进行预测，从而使人们信服这是一个新的非常正确的发展方向。

谋求同盟。需要招徕两类人的支持：一类是小镇中和你一样有共同想法的人；另一类是在你的城镇之外的敢于冒险的人（例如，你试图吸引的企业的行政官员）。在这个阶段，你在为你的计划积累力量和动力。当其他的关键人物认可你的计划时，它的可信度就增加了，潜力也就大了。

继续看上述这个例子，你的引进高科技公司的同盟包括一个有远见的银行家、原来居住在另外一个高技术城镇的人们和你正感兴趣准备吸引的一个或两个公司的行政主管人员。每一个同盟都会为你的冒险计划带来希望；计划变得不只是个人的想法，能从各个方面看到它的利益。你的计划开始具体化，从同盟那里获得能量。

观察反对者。在这个案例中你的反对者可能是市长、镇参议会或者其他有反对想法的人。当然，你想赢得你的反对者，使他们不仅仅成为你的同盟，而且成为能为你的城镇带来预期变化的合作伙伴。为了做到这些，你需要观察你的反对者，了解他们不愿接受你的计划的原因，并且了解什么影响了他们的反对态度。

这不仅仅是要证明你的观点是正确的，而是要理解和尊重别人的观点。

例如，你的反对者会有很多理由，为什么引进高技术企业是不好的或者是不可行的：融资成本太高；经济太不稳定；你感兴趣吸引的公司不成熟；那种公司需要的劳动力你们城镇不具备；城镇以前从没有冒险涉足过高技术领域；高技术公司会摧毁或者威胁城镇的主导产业等等。理解和关注他们的想法和动机——而不是强迫他们屈服——你能够赢得你的反对者。

提交计划。理解了其他人的疑虑（以及他们背后的想法）有助于你更有效地准备和提交你的计划。在这个阶段，你首先要做的就是赢得你的反对者。你已经列出了你的同盟军，你的金融分析和战略使你的计划更详细，能够说明它如何使你的城镇受益，你已经考虑到了最好的办法来解决你所面对的问题。

肯干的态度和盲目乐观的人之间有明显的区别。后者是盲目的乐观主义，是受欢迎的但却是没有根据的。有时，那种乐观主义是有用的，但有时会起反作用。因此，你不能完全信任乐观主义的人，因为对这种人来说任何事都是光明的，在这种人的眼里任何事都是可行的。

相反，有肯干态度的人会在现实中平衡他的乐观主义。事实上，肯干的人的乐观主义来自于现实赋予的机会，他们对这些机遇进行过设想和研究。肯干的人不会盲从别人，不会急于邀请别人加入他们的行列。他们会先分析形势，具有使他们的城镇增长和发展的远见，然后分享这种远见——通过确凿的事实以及其他人不会有所帮助但都支持肯干的态度。

提交计划有点像做一个销售计划。然而，销售计划必须根据事实，清晰地列出机会，并关注的主要方面和冒险，特别要指出如何避免和解决问题，要解释为什么冒险是值得的。

在你的城镇提交建立一个高技术园区的计划时，你不需要用热烈的言辞、欢呼声和乐观主义充斥你的会议室；你需要提供令人信服的确凿的事实、真正的人和公司以及引进这些公司能给你的小镇具体带来那些利益。你需要勾绘一幅准确的蓝图，如果按照你的建议去实施小镇会发展成为什么样，关注冒险，关注那些担心计划如何使小镇受益的人。

用榜样去领导。当人们看到肯干的态度发挥作用的时候，他们很可能改变他们的想法——尤其是如果你在前进的道路上取得了较小的胜利，就会对其他人的反应其积极的影响。有榜样去领导包括有远见、了解问题、欢迎新的建议、对你的目标持之以恒、不被大众观点所左右、从不放弃。

例如，要赢得镇领导人支持建立高技术园区，确认和评价计划的目标是非常有帮助的，再加上地方银行愿意提供低息贷款的详细说明，新公司能够提供给城镇居民的文书和行政的职务的简要说明，还有公司总裁为当地居民提供低费用的计算机培训的许诺。你可以私下工作，会见关键的人物（银行和公司总裁），深思已知的或未知的可能出现的各种问题，并且提出解决的方案之后，做出你的报告。如果你不完成这样的工作，反对者就很容易击败你关于吸引新的产业进入你的城镇的意见。

让其他人参与。培育肯干态度的最后一步就是尽力使其他人尽早地积极参与进来。除了谋求同盟者之外，你需要关键人物参与，即使这些人开始很可能反对你。必须记住对小城镇来讲团队建设是至关重要的；毕竟，你是为了城镇的利益，而不是你自己的利益。

例如，当你和银行家谈关于建设高技术园区的低息贷款时，和软件公司总裁谈工作岗位、收益和小镇的计算机培训时，带上你需要赢得的但是又不坚决反对这个意见的关键人物列席。让他们最先知道项目的可能性和对潜在问题的解决方案。人多力量大。由于你成功地使这些人在早期参与了项目并获得了他们的支持，你的报告更有说服力。

谁将参与和何时参与是你必须考虑的事。当然所得有所失，如果你想让某个人尽早地参与进来，而那个人一直反对你，而你继续努力使这个人信服并支持你，那么你将花费大量时间和精力。一旦项目被赞同，参与的人们就会努力使项目实施完成。

赢得最初的同意是一个方面；使这些人继续支持和热衷于项目是另一个方面。为了实现后者，号召人们继续推动项目的实施，实现它潜在的目标。通过这种方式，那些最初持反对意见的，现在是项目的参与者——他们直接经历了肯干态度。

亚利桑那州的汤姆斯通（Tombstone）镇：太坚强了而没有消亡

亚利桑那州的汤姆斯通镇几乎是一个不为人知的地方。它的所有的自然资源—银和金，在许多年前就被开采光了。小镇两次都差点被埋在地下。幸运的是，市长达斯提·埃斯卡普（Dusty Escapule）和他的市民并不认为他们会像其他的老的西部矿业城镇那样萧条下去。

事实上，小镇的座右铭就说明了市民的肯干精神："小镇太坚强了而不会消亡。"汤姆斯通镇用每天在市中心的历史街区进行枪战的方式重现了原始西部小镇多彩的历史。每年它能吸引50万人来此观光，许多人甚至来自于遥远的欧洲和亚洲。

埃斯卡普除了是市长以外，他还亲自驾驶公共马车和敞篷车为游客作导游。他说他所面临的最大的问题是改善基础设施，以容纳更多的游客。当他刚上任市长的时候，小镇只有15万加仑的供水量，而现在已经超过了160万加仑水。

第 4 章

秘诀之二：远见卓识

远见是成功的路标；它考虑到了前进道路上的目的、环境、障碍和危险。具有了远见，你就能够以最好的方式达到目的。

远见对于城镇的成功如同对于个人和公司的成功一样重要。事实上，远见通常使一个死城和一个兴旺之城具有很大的区别。

一个人的梦想

诗人卡尔·桑德伯格（Carl Sandburg）曾经说过，"除非你有梦想，否则任何事都不会发生。"沃尔特·迪斯尼（Walt Disney）也相信，"如果你有梦想，你就会实现它。"这两个著名的美国人不仅能够用语言表达他们的梦想，而且能够实现他们的梦想。印第安纳州哥伦布（Columbus）城的远见始于一个叫 J·欧文·米勒（J. Irwin Miller）的人。

哥伦布位于印第安纳波利斯、路易斯维尔和辛辛那提三个地区所形成的三角的中心。由于它的经济以农业和矿业为主，所以，到 19 世纪后半叶，它发展得非常缓慢，与其他的中西部小城镇没有什么区别。然而，在 1942 年，由芬兰的建筑师埃利尔·沙里宁（Eliel Saarinen）设计的第一个基督教教堂建在这里，这个建筑开启了哥伦布现代建筑的先河。之后，20 世纪 50 年代又建了由沙里宁设计的银行和学校。

1957 年，J·欧文·米勒（J. Irwin Miller）从康明斯（Cummins）发动机基金，现在是康明斯基金中拿出经费建立了由一家建筑公司设计的新学校。他是康明斯发动机公司，现在是康明斯公司的董事会主席，其总部在哥伦布。这个对于高质量建筑的远见涉及到公共建筑和教堂。哥伦布现在有超过 65 个建筑——包括医院、市政厅、邮局、监狱、酒吧、图书馆，甚至消防队都是由世界著名的建筑师设计的。

在一些远见的激励下，哥伦布基本上改变了它的命运，鉴于它的风格，美国建筑协会已经把哥伦布列为国家第六大建筑创新和设计城市——仅次于芝加哥、纽约、旧金山、波士顿和华盛顿特区。这里并不只是有一个 39000 人的公司，所有这一切都源于一个人的远见。

哥伦布是富有活力、不断增长的——它知道一个城镇必须不断地改变自己。在 80 年代"制造业带萧条时期"，哥伦布意识到仅仅依靠一个大公司从长远来看是不明智的。它组建了公私合作经济发展委员会，对其他公司宣传它的优势。自1985年以来，超过40个新的公司落户于哥伦布，产生了超过1万个新的就业机会。来自欧洲和亚洲的几个公司把哥伦布作为它们登陆美国市场的据点，因为这个小城镇具有国际化的气息，而这在同样规模的其他小城镇是不具备的。

形成远见

印第安纳州哥伦布的建筑辉煌来自于它的市政和企业领导人以及市民的集体远见。它的成功不会自动发生。它需要构思，需要计划。它由敢于梦想大事的人而促成。

改变：从热情到收益

迈克·亚格（Mike Yager）在十几岁的时候非常迷恋科尔维特跑车，但他不只是幻想，而是把这种热情变为有利可图的事业。1974年，在24岁的时候，他从伊利诺伊州埃芬汉的地方银行贷款500美元，开始在汽车展上通过一页纸的手册卖科尔维特的饰品、夹克、衬衫、眼镜和用户指南。他的名为"美国中部设计"的公司，现在有140名雇员，每年邮寄600万份目录，销售额达到5000万美元。

迈克对于公司和家乡的远见是"成为美国汽车收藏市场的领头雁"。公司的业务已经扩展到了保时捷和大众，有它自己的博物馆，每年举办三个周末的汽车展。展会期间吸引了10000多名汽车收藏家和50000人来到埃芬汉。把汽车收藏爱好和收益融合起来的亚格非常自豪，因为"他为家乡的许多人创造了大量的机会"。

密西西比州的牛津：继承文学传统

由于有密西西比大学和诺贝尔文学奖获得者威廉姆·福克纳（William Faulkner），密西西比州的牛津成了美国南部的文学中心。许多作家都在牛津安家。每年8月在密西西比大学举行福克纳和约克纳帕塔法会议（Faulkner and Yoknapatawphe Conference）。来自世界各地的参会人员都参观了福克纳的故乡Rowan Oak。

1979年理查德·豪沃思（Richard Howorth）从华盛顿特区回到牛津开了一家书店，这将有助于提升牛津作为文化、文学和思想中心的地位。正如豪沃思所言，"在不同的历史关头，牛津错过了许多机会；也许这将使牛津得到弥补。"

从1万美元的存款和1万美元的地方银行贷款开始，豪沃思在市中心大楼的二层开了广场书店。由于有正确的促销手段和好的口碑，广场书店最终成了小镇的文学焦点。20世纪90年代早期，广场书店与位于Ole Miss的南方文化研究中心合作举办了牛津书市。为期三天的书市每年吸引大批的作家、诗人、编辑和出版商，从而巩固了牛津的文学声誉。

第 4 章 秘诀之二：远见卓识

有些时候，对那些邻城来说，梦想显得有些愚蠢。想像一下华盛顿州卡什米尔（Cashmere）的居民听到正在经历经济危机的邻城莱文沃思决定把自己变为一个德国村庄时候的反映。"经济危机？在尝试一个同样的危机！"一些人在嘲笑。音乐界的人士会选择密苏里州小小的布兰森作为世界现场音乐的中心吗？没有人会这样做——除非 Branson 的人们。对他们来说这是很有道理的。因此，他们做到了。

莱文沃思的远见来自于需求；小镇需要做点儿事，它很快做了。幸运的是，小镇明智地形成了它的远见。与此相反，布兰森没有被迫做任何事。它选择了做某事。布兰森的成功来自于在许多人看来古怪的远见，但是对于参与的人来讲是可行的。

爱因斯坦曾经说过，天才是百分之一的灵感加百分之九十九的汗水。那百分之一——远见来自于此——起了很重要的作用。它指引着其余的百分之九十九，赋予努力以生命和意义。没有灵感，没有远见，汗水就白流了。

然而，光有远见不会使你成功。小城镇的远见经常会破灭。看看佐治亚州老城 Braselton 的故事。1990 年女演员金·贝辛格（Kim Basinger）在 2000 万美元的美国科技基金资助下购买了土地，而小城是其中的一部分。她所购买的土地边界在格温特（Gwynnett）县。这里是 20 世纪 80 年代后期美国发展最快的县。贝辛格出生在佐治亚的 Athens 附近，据报道她想把 Braselton 变成艺术创造中心。

1993 年投资陷入困境。因为口头承诺在一个电影中扮演主角而违约，贝辛格被判偿付美国在线制片 810 万美元，贝辛格破产了。虽然贝辛格对裁决进行了上诉，最终与美国在线达成了厅外和解，但是她被迫卖掉了在 Braselton 的 100 万美元的产权。问题的部分原因是由于贝辛格、她哥哥（是城镇主要的官员）和美国科技养老基金的管理队伍们所做的规划太差。1990 年购买了土地之后新成立的管理团队认为小镇不太适合这个规划，不愿提供剩余的资金来资助项目的进一步完成，并且希望远离贝辛格的法庭问题。贝辛格发现项目卷入了名人和大的金融管理团队之间的纷争中。几年之后，原来计划很好的购买土地的项目被认为是没有远见的，项目没有实现。

同样，在 19 世纪许多小城镇因为天然泉而兴旺，这些泉水里有很多的矿物质，被认为有治疗功能。伊利诺伊州的塞勒斯普林斯（Sailor Springs）非常成功，它宣传有这个州的第一条混凝土路和电话系统。印第安纳州的弗伦奇利克（French Lick）吸引了美国各地的游客。阿肯色州的温泉城（Hot Springs），吸引了美国的许多总裁成为它的常客。今天的塞勒斯普林斯只有不到 100 个居民，弗伦奇利克正努力使自己复苏。只有温泉城形成了一套完整的规划，继续繁荣发展。

> **佐治亚州的托马斯维尔（Thomasville）：编制过去和未来之梦**
>
> 佐治亚州的托马斯维尔是一个"南方种植园城镇"，在 19 世纪 80 年代由于其奢华的旅馆而成为"南方初冬的旅游胜地"，在国际上享有盛名。无数的北方人来到这里呼吸着小镇清新、有松香气息的空气。在旅游的黄金年代建的许多旅馆和公寓继续作为博物馆、商店和住宅。旅游业创造了大量的就业机会；然而，高新产业能够提供收入更高的工作。
>
> 托马斯维尔意识到必须建设高级电信基础设施才能够成功，因此它购买了设备，使公用事业达到了世界标准。结果，几家公司已经把工厂迁移到了这个城镇，包括 Flower 公司（一个食品加工厂）和建筑机械巨头卡特彼勒（Caterpillar）公司。卡特彼勒的地方经理，罗斯·维尔（Ross Ware）说"托马斯维尔有很多同等规模的城镇所不具备的优势，那就是高科技的基础设施和一批能看到城镇未来的有识之士。"

基于优势

不同的城镇有不同的优势。一些优势来自于周围的自然资源——例如自然喷泉——一些来自于城镇的人和产业。城镇发展的部分优势列举如下，它们包括：气候、土地、湖泊和森林、公园、休闲地、接近大城市、地方的企业和产业、独特的品质。

佛罗里达州的沃库拉（Wakulla）温泉国家公园，位于该州锅柄状的突出地带，有世界最大最深的淡水泉。在天气晴朗的时候，乘坐公园的玻璃底船能使游客看到鱼和泉最深处乳齿象的化石骨骼。洁净的河流和动物保护区为鳄鱼、鸟类、乌龟、鹿、火鸡提供了自然的栖息地，在冬季吸引了大量的候鸟。

沃库拉县有两个不同寻常的盛事。一个是每年 5 月第一个周末的蓝螃蟹节，这个当地著名的硬壳蓝螃蟹吸引 2 万名游客；另一个是每年秋天的君主蝴蝶节。成千上万的人来此观看蝴蝶，这些蝴蝶准备飞越墨西哥湾迁移到墨西哥的山区过冬。沃库拉县和一些包括 Sopchoppy、Panacea 和 St. Marks 在内的城镇就在山区中。它们都是蝴蝶的栖息地。

北卡罗来那州的亨德森维尔（Hendersonville）位于 Dupont 国家森林公园中。小镇的领导人在 50 年前就决定做些事，使小镇区别于州上的其他小城镇。他们依靠小镇是美国第七大苹果产地的自然条件，举办亨德森维尔苹果节；为期 4 天的苹果节每年吸引了 25 万人。苹果节的成功激发了城镇举办其他的节日，例如在阵亡将士纪念日周末举行田园周年纪念活动；在夏季的每一个周五晚上举办音乐盛会;每一个星期一举办家庭夏日舞会以及每年的艺术展、古董展和人行道粉笔画艺术展。

得克萨斯州的迪凯特(Decatur)由于临近于达拉斯和沃思堡而成为卖点。离大都市只有30英里的距离,生活成本较低、有利的商业环境,小镇利用这些有利的条件吸引新的公司和居民。迪凯特是那些市镇和市议会网站有统一外观和相似网址(www.decaturtx.com 和 www.decaturtx.org)的城镇中的一个。通过这种方式城镇能从中获得很多好处。另外一个由于临近大都市区而从中获益的城镇是缅因州的桑福德(Sanford)。桑福德位于新汉普郡大都市区的朴次茅斯-罗切斯特(Portsmouth Rochester)和缅因州大都市波特兰中间,它宣称具有小城镇的优点,比起邻近的大都市而言具有相对较低的生活成本。

潜在的优势

如果你是佛罗里达州南部的一个小城镇,你的优势——至少是自然方面的——是阳光和温暖的气候。如果你是一个位于科罗拉多州落基山脉的小城镇,你的自然优势就是山脉和雪。如果你是一个位于大湖流域的城镇,你的优势就是水上运动和垂钓。但是如果你是堪萨斯中部的一个小城镇,你周围没有著名的自然风景名胜,你该如何呢?如果你的优势没有被发掘和展示给世人怎么办呢?如果你没有发现一个优势又该如何呢?

不要惊慌。记住,一些优势来自于城镇的自然资源和环境。一些优势来自于城镇的人们和它的产业(目前的或者潜在的)。一个城镇的未来可以建立在它的自然资源之上,也可以建立在它的居民的独创和热情之上,即使没有任何东西,这些人也可以创造出来。

想像一下,一个在白画布上创作的艺术家。画布蕴藏着无限的机会,因为它能够创作任何东西。因此,同样的道理,小城镇也一样。

亚拉巴马州的佩恩堡(Fort Payne)就是一个例子。当它的煤炭和钢铁产业在19世纪初开始衰落的时候,当地的三个商人用30台编织机和12台印花机开办了W·B·戴维斯(W. B. Davis)织袜厂。1907年以后,他们的目标是扩展到300台机器和800个雇员。

今天的佩恩堡被认为是世界的"袜业之都",因为有6000名工人在织袜厂和周围的迪尔卡布县工作,每星期能生产1200万双袜子。佩恩堡的前10个公司中的5个都与织袜企业有关,相关的辅助产业也发展起来了。更有甚者,过去全世界的织袜设备都来自于佩恩堡。

南达科他州的 Wall：非常杰出

如果不是桃乐茜·赫斯特德（Dorothy Hustead）的远见，很多人恐怕根本就不知道南达科他州的小镇沃尔（Wall），小镇临近 Badlands 国家公园、Black 丘和 Rushmore 山。1931 年，桃乐茜和她的药剂师丈夫购买了沃尔药店——当时并不是商业经营的最好时期。大萧条刚开始，沃尔的大多数农民（小镇的根基）都快破产了。商业从不好变得更加糟糕。

1936 年 7 月的一个炎热的午后，桃乐茜看到了一队车流经过，她受到了启发，这对她以后的生活产生了巨大的影响。她想这些车上的人们一定渴了。她和她的丈夫能够提供的东西就是水。为什么不张贴一些招牌为这些又累又渴的游客提供免费的冰水呢？

在赫斯特德夫妇还没有完全在城外树立一系列招牌之前，饥渴的游客已经在他们的药店门口停下来饮用免费的水了。之后，他们树立了更多的招牌，沃尔的声誉提高了，现在——由于口头广告的效应、不干胶贴纸和高速公路的广告牌——每天有 2 万人在沃尔药店门前停留。

向其他人学习

看一看出版业。每一个出版社都有他自己的优势和品质，但是所有成功出版社的运作都是一样的。它们的不同在于他们的作品。或者看一看汽车产业。不同的汽车厂生产相似的，但是不同的汽车。所有的都提供某些必须的部件——四个轮子，一个发动机和一个引擎——但是它们不生产完全一样的汽车。

小城镇也一样。某些方法和远见使得一些城镇繁荣，其他城镇在开始形成自己的方法和远见时，可以向邻城学习。没有一个人、公司或者城镇在成功方面是完全一致的，向其他城镇学习成功的经验，把这些经验用在自己的城镇中。典型的是，小城镇的人们喜欢谈论他们自己和他们的成功。他们不回避从其他城镇中学习经验，他们也愿意帮助其他城镇成功。

伊利诺伊州埃芬汉市市长鲍勃·乌茨（Bob Utz），看了艾奥瓦州的锡达拉皮兹（Cedar Rapids）的雕刻项目后，把这一打算带回了家乡。埃芬汉的雕刻项目吸引了来自中西部各地的雕刻家，这些人的创作媒体从不锈钢到木头到彩色玻璃。现在，这些雕塑为埃芬汉奇特的市中心增添了很多色彩。

科罗拉多州 Ruby Ranch 的做法也值得效法。当 Qwest 没有满足市民们进入网络时代的要求时，城镇发展了自己的高速宽带网络。卡尔·奥普德（Carl Oppedah）1997 年移居到了 Ruby Ranch，他要求快速电话服务。当他的要求被一再以在小城镇只能提供低速的拨号上网,其他的服务成本都太高的借口遭到拒绝时,奥普德和他的邻居们成立了 Ruby Ranch 因特网合作协会。虽然遇到了很多阻碍,但是他们一直坚持,在 2001 年建立了自己的宽带网络。

实现你的远景

一旦你的城镇的远景目标切实可行时,你需要做出计划使之得以实现。这个计划分为 4 个阶段:设定目标、朝着目标去努力、评估你的进展,需要的时候做出调整。看看每一个阶段在你的城镇是如何运用的。

1. 设定目标。 目标是帮助你到达你想要到达的地方和完成你想要完成的事情的工具。你可能有一个远大的理想,但是如果没有目标在前进的道路上指引你和作为检查点,你实现理想的道路就会变得更长或者可能会偏离方向。你所设定的比较现实的、有助于实现理想的目标是具有挑战性的,而且集中,有效,可以实现。看看下面的几个例子:

- 位于 Outer 河岸最南部北卡罗来纳州的莫尔黑德(Morehead)城,历史上以军事为主。1971 年社区的一些居民和企业领导商议讨论如何更有计划地、有序地使这个地区发展。他们成立了 Carteret 县经济发展委员会,目的是招募和留住企业,提高工资水平和全年的就业率。几年之后,1990~2000 年一直担任卡特雷特县经济发展委员会主席的唐柯尔曼(Don Kirkman)看到了莫尔黑德城的市场机会。他有了自己的远大蓝图,利用城镇独一无二的区位条件,把它变为了世界著名的航海科学中心。杜克大学、北卡罗来纳州,北卡罗来纳大学、国家海洋渔业部、国家气象中心和北卡罗来纳州海洋渔业分部都在这个城镇设有实验室。莫尔黑德城还利用它独特的区位条件发展工业和高新产业园区,以提高居民的就业机会。虽然在军事部门服务的人员仍然占到这个城镇总人口的 14%,但是莫尔黑德已经成功地使它的经济基础多样化了。
- 为了提高路易斯安那州庞沙图拉(Ponchatoula)的零售额,商会组织了庞沙图拉商业和企业博览会,给当地的公司一个展示它们产品和服务的机会。从 1998 年开始举办的每年一度的博览会,参观者人数从第一年的不到 100 人增加到每年超过 600 人。从商业报告中可以看出,通过举办博览会,它们已经得到了认可,销售额增长了。

使你的目标具体化和可度量化。一个含糊的——也是没有用的目标是这样的:"今年我想使我们的城镇繁荣。"居民们不想这样吗?更确切一点,这个目标如何使市民采取措施从而改善城镇?这种目标不可能做到这些。下面是一个好一些的表述:

"我想使我的城镇居民的就业率和收入比去年更好。"至少这提供了一个可度量的尺度和方向,但是目标仍然是含糊的和无效的。一个可以度量的有效的目标应该是:"今年我要使我们城镇的失业率降低一个百分点,人均收入提高 2000 美元。"这使得你的经济发展团队和市镇领导人有具体的事可做来实现这个目标。

另外一个含糊的和可度量的目标的例子是:

含糊的:"我想使我们的市中心吸引更多的购物者。"

可以度量的:"我们通过美化城市广场,在主干道规划新的人行道,维修店面,在街道上安放舒适的凳子,在临近市中心建三个小的公园等方式使中心购物区焕然一新。有了这些变化,我们想吸引更多的顾客来市中心,每年的销售额提高五个百分点。"

可度量的、明确的目标是可以解释的。它们会让你知道你处在什么位置,使你不断地前进,直到到达了你所设定的目标。含糊的目标不会使你坚持下去,因为你从来不知道你是否达到了还是没有达到目标;它们太主观了而无法释义。

最后,确保你的目标是行为趋向型的。那样的目标比结果趋向型的更有意义;你要控制你的行为,但是对于行为结果的控制就没有必要了。例如,即使你的城镇实际上能成为大的节日城市,你的目标也应该是行为趋向型的("我们在未来的 3 年中要举办 3 个节日")而不是结果趋向型的(我们想替代 Hendersonville 成为北卡罗来纳州西南部最大的旅游胜地)。你可以控制自己如何实现你的城镇的宏伟蓝图,但是你不能控制其他的城镇实现自己的蓝图。

行为趋向型的目标帮助你的城镇聚焦在它的优势和资源以及它的成功上。那样的目标帮助你忽略外在的干扰——你所不能控制的事。这并不是说你不清楚周围的环境和影响你的城镇发展的东西:它只是说你的城镇应该聚焦在它所能控制的事情上,要树立目标努力改善自己。

2. 朝着目标去努力。一旦你的目标落实了,你就必须要考虑实现目标的具体步骤。步骤应该是可度量的,可以实现的和行为趋向的。一些目标几个星期或者几个月就能实现,而有些则需要几年的时间。为了实现你的目标,你需要在前进的道路上完成几个阶段。这些阶段是检查点。它们实际上是些小的目标;实现每一个小的目标能确保你在正确的道路上按期完成目标。

挽救主街道

主街过去是市中心的焦点,那儿有零售商、服务业、餐馆、咖啡馆、俱乐部、剧院和在商铺楼上的主要的公寓住宅。任何人想要知道城镇发生的事情,就应该去主街——尤其是在星期六的晚上,主街为繁荣的社交中心提供了背景。看上去,每一条道路都通向市中心和主街。

现在同样的道路却通向高速公路和州际公路，把人们带到较远的购物中心。主街上的商店和店铺不断地老化和衰落下去，只是一个过去的记忆；许多主街的建筑物经受不住改善的公路系统所带来的变化。

"商业都向外发展"和"关门——永远的"的迹象像致命的疾病一样蔓延在这个国家的主街上。在一个又一个的城镇中，市中心的零售企业关门，顾客减少，地产跳水。接着是没有人气。被人忽略的建筑、用木板围住的店面、到处是垃圾的街道更加使人们认为市中心与自己无关，没有希望回到它过去的辉煌了。

然而，几个城镇决定进行一番努力以便不使他们的市中心消亡。许多城镇成功地挽救了沿主街的历史建筑，把它们的市中心变成了在大的连锁超市无法找到的购物点。一些城镇使它们的商业中心复苏了，通过自由市场、艺术中心、户外演出和其他的活动赋予这些地方以生机。在复苏它们的市中心上做得特别好的城镇包括：加利福尼亚州的格拉斯瓦利（Grass Valley）、霍利斯特（Hollister）、佐治亚州的托马斯维尔（Thomasrille）、北卡罗来纳州的斯泰茨维尔（Statesville）、俄亥俄州的伍斯特（Wooster）、俄克拉何马州的杜兰特（Durant）、俄克拉何马州的斯蒂尔沃特（Stillwater）、得克萨斯州的科西卡纳（Corsicana）、得克萨斯州的克尔维尔（Kerrville）、得克萨斯州的普莱森特（Pleasant）、弗吉尼亚州的落基山城（Rocky Mount）、威斯康星州的梅诺英尼（Menomonie）和西弗吉尼亚州的摩根敦（Morgantown）。

大多数城镇的目标是团队趋向型的，在前进的道路上许多人共同努力。在这种情况下，你需要让每个人都参与进来（如果你是负责人的话）；每个人都应该有主人翁的感觉并且明白他们在实现目标中所起的作用。那种情况下需要协作努力，但是过程仍然是一样的：你设定目标，决定详细的步骤，在某个时期实现某个步骤。

把目标分解为几部分，每一星期集中完成一个。也就是说，你有一个需要在六个月时间完成的项目，第二个月你要完成什么？第四个月你需要完成什么？从这里开始进一步分解目标。第二月末的目标，如果按星期分解，第一个星期要完成什么？第二个星期呢？这不仅仅使你能集中在一星期的目标，而且让你知道自己是否会按期完成。你把目标分解成越是可以度量的、现实的和行为趋向型的阶段目标，你就越会集中在项目上，越不可能偏离计划的时间。

密西西比州的皮卡尤恩（Picayune）就是一个知道如何朝着目标去有效工作的城镇的例子。皮卡尤恩市中心协会在1996年组建，目的是为了促进皮卡尤恩的商业，保持市中心区商业的完整性。协会把1966年开始举办的每六年一次的商业活动——皮卡尤恩街道盛会，变为每两年一次，吸引了来自当地和附近8～10个州的250个商贩。超过30000人参加了每次的盛会，皮卡尤恩街道盛会被南方旅游认为是东南部前 20 个盛会中的一个。

3. 评估你的进程。当把目标分解为明确的可以度量的小的步骤时，你可以很容易地监控你的过程。在每一个阶段末，记录下来完成了哪些任务，哪些还没有完成。

有些目标在进行 1 个月左右的时间里有自然的检查点。那就是为什么把达到每一个检查点的目标分解为星期单元目标是非常有用的；否则的话，三、四个星期过去了，还没有什么进展——没有注意到还没有进展。在那时进行弥补是很困难的。步骤越小，越可以度量，你就越容易评估你的过程和按期完成计划。

4. 作出调整。如果你发现自己偏离了目标，就应该调整时间和步骤了。如果项目或目标对时间不敏感——如果延期不是至关重要的问题——那么即使你已经发现晚了，你或许可以继续，不用调整。如果项目或目标对时间很敏感，调整你的时间计划，弥补失去的时间。

你可能发现你的时间安排太紧了——你不可能很快地完成这些步骤。也许延误是由于你所不能控制的因素或者其他参与者的原因。不管什么原因，如果项目对时间敏感，你就必须做出调整。如果你设定的目标在文件中和时间表上是现实可行的，那么你就不应该偏离它太远。当目标在内容上或者时间的分配上是不切合实际的，那么就容易偏离。

记住生活中的小事也应该按计划进行。在实现目标的前进道路上时刻准备进行微小的调整。微小的调整是非常普遍和必需的。当被迫做出重大调整的时候，你需要重新评价你的目标是否现实可行。

第 5 章

秘诀之三：利用你的资源

当你在城镇的优势和资源的基础之上发展的时候，繁荣和增长的可能性就非常大。

看看怀俄明州的杰克逊（通常叫做"Jackson Hole"）。这是一个坐落在高耸的大提顿山（Grand Teton Mountains）边缘的早期的皮毛交易村庄。现在它的声望慢慢降低了，但是城镇8500个居民不断地利用它的资源重新使它得以复苏。

19世纪中叶戴维·E·杰克逊（David E. Jackson）和其他狩猎者在小镇聚集进行皮毛交易。到20世纪初，这个小城镇也就是被人们称作Jackson Hole的地方主要进行养牛业，人口只有64人。当牧场无利可图时，杰克逊就成为了花花公子的乐园。许多牧场在1908年到20世纪30年代早期这段时期非常兴旺。因为杰克逊的自然环境非常优美，许多富有的、有势力的花花公子把它当作旅游胜地。1926年，约翰·D·洛克菲勒（John D. Rockefeller）在一个具有争议的提议下买下了杰克逊和黄石之间的牧场；这块土地最终成为大提顿国家公园的核心。尽管旅游者们在夏季蜂拥而至杰克逊，但是一到秋天它就进入了休眠期。

1940年在雪王山上建立了第一条索道，1946年第一个缆车开始运行。当1965年第二个滑雪场在提顿村庄开放的时候，杰克逊变成了全年的旅游胜地。如今，由于优美环境和文化资源，Jackson Hole每年吸引了300万人来此旅游（如果6月的第一个周末你在那里，你肯定能赶上每年一度的赛狗比赛，抓飞盘最好的狗将摘取桂冠）。

俄亥俄州霍姆斯县的景色虽然没有杰克逊那么美，但是它在利用资源优势方面一样非常成功。霍姆斯县位于该州的中北部，有肥沃的土地、自然起伏的山丘和米勒斯堡（Millersburg）（人口：3326）——美国最大的门诺派中的严紧派居住地。而且它有犯罪率为零的声誉。

这个县的38000名居民中超过半数的人都有严紧派的血统。严紧派除了经营传统的农业外，还发展了其他产业。丰富的劳动力吸引了其他产业，如今从药瓶生产到电气控制系统制造的国有公司在小镇上都设有工厂。然而，即使新的产业兴旺发展的时候，严紧派教徒们仍然保留着制造奶酪的传统，家具制造业仍然在这个县的经济中占据重要的地位。

很多东西可以利用

杰克逊和霍姆斯县利用了它们的主要资源：提顿优美的自然环境和俄亥俄州肥沃的土地。其他的优势和资源如下所述：

目前的产业、企业和公司。这些通常都代表了你的城镇的"面包和黄油"，因为它们提供了主要的工作机会和收入来源。这些就业根基可能集中于一个领域。例如，许多城镇出名是因为它是一个制造业中心或是一个高新区或是一个大学城。这既不是一件好事也不是一件坏事。重要的是就业根基提供了大量的就业机会，如果一个或者两个企业搬迁出去，整个城镇就会受到影响而衰败。

大多数城镇的就业都是多样化的，包括制造业、零售业、学校、医疗机构等等。这对于一个健康的就业环境来说是非常重要的，对于正考虑迁移到你的城镇的外来人口来说具有很大的吸引力，因为他们看到了多样化的商品和服务以及健康的就业根基。

也就是说，一个有多领域就业人口的城镇通常在其中一个领域有特别的优势。一个城镇通过吸引更多同领域的企业而增强它的优势。当你的经济发展团队考虑发展计划时，首先要考虑的事是评估和利用目前的优势。如果制造商们看到了其他制造商在你的城镇很成功时，他们很可能对你的城镇感兴趣。

经常，某些在你的城镇发展得很好的企业衰落了，原因是那个产业发生了问题（或者公司内部）。如果产业本身开始衰落了，那就着手在你的城镇发展其他的产业。例如，如果你的城镇是一个传统的制造业城镇，当大多数钢铁产业的就业下降时，那就考虑在其他相关的领域发展，例如塑料，或者发展服务业（医疗保健、社会服务等等）、建筑或者零售业——任何未来兴旺或者预期发展的好的产业。或者，发展一个大的商业或者生产领域中的一个特殊的小的领域。

制造业就业 = 小城镇的兴旺 = 低税赋

制造业是许多小城镇的支柱。制造业的工作通常收入高，支持了城镇其他企业的发展。伊利诺伊州商会所作的一项研究（100个新的就业意味着一个城镇，1993年）表明一个城镇新增100个就业机会将会导致：

- 增加415个更多的就业岗位
- 每年个人收入增加1270万美元
- 银行储蓄增加500万美元
- 增加7个零售业

- 零售额增加 770 万美元
- 税收收入增加 54 万美元
- 服务收入增加 200 万美元

在本书中所指的 397 个乡村都市中，制造业就业人数在 20 世纪 90 年代增加了 25455 人（增加了 2%），而同期美国全国制造业就业降低了 2176073 人（降低了 10.6%）。这些制造业就业岗位的收入高于零售业收入 71.7%（前者是每星期 618.87 美元，后者为每星期 360.53 美元）。

弗瑞德·齐默曼（Fred Zimmerman）和大卫·比尔（Dave Beal）在《制造业：生产和兴旺之间的关键纽带》（迪尔伯恩金融出版社，2002 年）一书中研究了美国 1995 年在制造业中就业人数超过 4800 人的 690 个县。他们发现随着制造业的增长，地方和县的税赋都显著地降低了。那些制造业就业人口占 10% 的地区，人均平均税赋为 1000 美元；那些制造业就业人口占 30% 的地区，人均平均税赋为 650 美元；那些制造业就业人口占 40% 的地区，人均平均税赋为 562 美元。

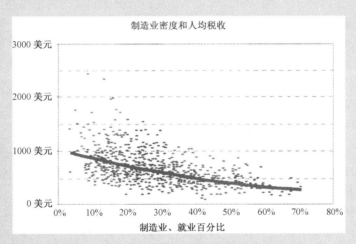

制造业密度和人均税收

这里有两个例子：

- 佛罗里达州的阿巴拉契科拉（Apalachicola）有阿巴拉契科拉海湾，是美国水最洁净和水产品产量最大的地区之一。佛罗里达州 90% 以上的牡蛎都生长在这里，创造了 1400 万美元的产值，提供了 1000 多个就业岗位，生产 1400 万磅的牡蛎肉，这些牡蛎肉都是在当地的海产品工厂中被剥壳的。
- 纽约的科宁是一个因为生产玻璃而出名的制造业城镇。公司和城镇从平板玻璃到玻璃炊具进而向纤维光学发展，这是一个发展中的新兴产业。许多起步于康宁的小的公司，已经发展成为玻璃制造技术的领头军。

要利用你目前的企业、产业和公司，你需要知道过去的成功是因为什么，能够洞察未来的成功在于什么，能够利用目前和潜在的就业人员来扩展你的城镇的就业根基，增强你的城镇的优势。你想使"面包和黄油"源源不断——但是有时你需要新的面包和黄油。在过去，你只是想增加同样的面包产量，这已经支撑你的城镇几十年了。

自然资源，例如，湖泊、海滩、大山和森林。希尔顿·海德岛（Hilton Head）是一个位于南卡罗来纳州海岸的一个暗礁，也是大西洋上仅次于纽约长岛的第二大岛屿。这个岛屿有 7 英里宽、14 英里长，原来居住着美国的土著人、南方种植园主和逃亡的奴隶，最后形成了一个孤立的岛上的土著部落，他们的语言是嘎勒（Gullah）英语。

查尔斯·弗雷泽（Charles Fraser），一个年轻的在耶鲁大学受过教育的律师，在 20 世纪 50 年代说服他的父亲把岛屿南部 2/3 的土地卖给他。1956 年他又说服州政府在新的海松庄园项目中建了一个二孔桥。但是弗雷泽的海松庄园与其他的海边社区不一样，大多数社区的特征都是一些小的村舍，环境较差。弗雷泽规划了一个全新的社区，社区的房屋远离海滨，完全融入自然的松林中。体育运动项目包括高尔夫球场、自行车道和几百亩的自然保护区。在《南方生活》杂志的一次采访中，他说道，"以丑陋的或者美丽的方式发展这个海滩，在经济上你可能都是成功的。没有经济学的规则说丑陋会得到回报。我选择了美丽，并且努力使它在经济上成功。"

如今，希尔顿·海德有 36800 名居民，每年吸引 250 万名游客。弗雷泽又在佛罗里达州的阿米莉娅岛、南卡罗来纳州的卡瓦岛和波多黎各的帕尔马岛发展了类似的项目。其他的受益于自然环境的小城镇包括：

- 俄勒冈州的格兰茨帕斯（Grants Pass），位于罗格河上，身处 Crater 湖和 Cascade 大山、Siskiyou 国家森林公园和克拉马斯（Klameth）山之间。
- 爱达荷州的桑德波因特（Sandpoint），临近 Pend Oreille 湖，在 Coeur d'Alene 国家森林公园之中。
- 田纳西州的纽波特（Newport），一侧是达拉斯湖，另一侧是阿巴拉契亚山脉和 Cherokee 国家森林公园。
- 亚利桑那州的普雷斯科特（Prescott），以 Prescott 国家森林公园作为背景。
- 华盛顿州的克拉克斯顿（Clarkston），有美丽的起伏不平的 Hells 大峡谷，这是北美最深的峡谷。
- 佐治亚州的道森维尔（Dawsonville），位于阿巴拉契亚山脉的最南端，以一个 729 英尺的瀑布而著称。
- 密苏里州的卡姆登顿（Camdenton），利用临近（Ozarks）湖，举办各种垂钓比赛和湖上运动项目。
- 犹他州的洛根（Logan），位于 Cache 山谷，小说家托马斯·乌尔夫（Thomas Wolfe）称之为，"我所见过的最美丽的、最迷人的山谷，其他的山谷与之无法比拟"。
- 纽约州的普莱西德湖村（Lake Placid），有原始的大山、湖泊和小溪。举办过两届冬季奥林匹克运动会（1932 年和 1980 年），世界上只有两个地方有同普莱西德湖村一样的景观。它们是奥地利的 Innsbruck 和瑞士的 St. Moritz。Lake Placid 每年吸引 180 万名游客。

这样的例子数不胜数，可能包括你的城镇。它可能有一条河流或者湖泊，吸引了泛舟者、野营者和其他的休闲爱好者。或者有森林或者大山，不仅可以欣赏美丽的景色和探险，而且还吸引了旅游者滑雪、徒步旅行、登山和野营。

科罗拉多州的 Vail：有自然之美

彼得·塞伯特（Peter Seibert）从第二次世界大战的战场上回来后，梦想要在美国建一个像欧洲那样的滑雪场。塞伯特花了几年的时间寻找理想的场地，最终发现了位于科罗拉多州 Vail 峡谷的一座无名山的山峰。

1962 年，当所有法律和金融方面的事务都完成后，塞伯特开始建立 Vail 的第一个滑雪场。那时，Vail 滑雪场只有四间房子、一部电话，基本上没有什么现代化的设施（除了有一两个抽水马桶）。丹佛大学的滑雪教练认为这种努力是没有什么结果的，他说，"Vail 太平了，不会成为一个成功的滑雪场。"

塞伯特在这种评论的激励下把柠檬变成了柠檬汁。他改善了新滑雪场的条件，这个滑雪场有三部缆车，是初学滑雪者和他们家庭的理想场地。早期的游客都是些沉溺于滑雪运动的人。但是很快其他人就蜂拥而至这个每天只有 8 美元缆车票的舒适的滑雪场；到 1969 年，Vail 就成了科罗拉多州最著名的旅游胜地。20 世纪 70 年代早期 70 号州际公路就建在 Vail 附近，能通向这个发展非常迅速的城镇，从那之后，Vail 就成了一个一年四季都有熙熙攘攘游客的户外休闲城镇。

其他城镇不一定都有同样的自然资源。但是如果不是彼得·塞伯特的到来，Vail 仍然只是一个隐藏在大山之中的无名之地。

许多小城镇环境优美或者气候宜人——但是它们并没有吸引到游客。相反，10 或者 20 英里之外的一个有同样自然环境和气候的小镇却兴旺了。为什么会如此不同呢？因为，前者很可能没有吸引游客的规划，没有向游客宣传自己，或者没有利用它的资源的远见。或者虽然它有远见，但是不知道如何去实施它。不管怎样，有自然资源禀赋和有远见去利用这些资源而兴旺的城镇就能够出名。

人工资源例如湖泊、公园和休闲娱乐场所。没有森林、大山、湖泊或河流的城镇通过它们的智慧也能够吸引游客,增加收入。许多城镇从人造湖泊、公园和休闲地中收益,这些资源非常接近于现存的自然资源。这些资源使得城镇更具有吸引力,使当地居民和游客都收益。如果较好地利用了这些人造资源,就会改善环境而不是破坏环境。

例如,田纳西州的克罗斯维尔(Crossville)是一个只有8981人的城镇,这个城镇已经成为了"田纳西州的高尔夫之都"。利用它优美的自然环境,克罗斯维尔鼓励世界著名的高尔夫球场设计师杰克·尼克劳斯(Jack Nicklaus)在附近建立了11个高尔夫球场,使得小城镇成为世界上人均高尔夫球场面积最大的地方。克罗斯维尔利用它的具有挑战性的球场吸引了数以万计的附近和远处的高尔夫球爱好者。

其他能够改善一个城镇的人造自然包括高速公路、铁路系统和基础设施——这些有时被认为是自然而然的事。得克萨斯州的希尔斯伯勒(Hillsboro)位于得克萨斯西I-35号公路和东I-35号公路的交汇处、韦科(Waco)的正北。希尔斯伯勒的战略定位是建一个能容纳100多个零售商和200多个古玩商的商业中心。希尔斯伯勒商会和旅游局报道,它的零售业吸引了方圆100英里范围的购物者。

地方名人(活着的和逝去的)。美国人迷恋于名望和财富。那些成功人士就成为媒体报道和人们谈论的主要素材。媒体可能会利用这些名人,但是他们的家乡或者目前所在的城镇会以友善和骄傲的态度对待他们(尤其是一些较小的城镇)。名人能使你的城镇受到关注。他们可以使你的城镇成为猎奇者和追随者的目标,能够使你的城镇成为假期和旅行途中的停靠点,或者会带动周末旅游。

卡尔·桑德伯格是一名作家和历史学家,赢得了普利策奖的诗歌奖项。他出生和成长于伊利诺伊州的盖尔斯堡(Galesburg)。这个城镇还保留有桑德伯格少年时代的家,并且把它开放为一个旅游点。北卡罗来纳州的亨德森维尔认为虽然桑德伯格不是本地人,但是他在这里生活的时间很长。他在亨德森维尔的家和在城镇外面的农场都成为了著名的旅游景点。

著名作家马克·吐温(Mark Twain)生长的密苏里州的汉尼拔(Hannibal)就是利用地方名人作为资本的最好的例子。汉尼拔有书店、礼品店、博物馆、影剧院、纪念碑和商业中心来歌颂马克·吐温的人生和他所创作的作品中的人物:哈克贝利·费恩(Huckleberry Finn)、汤姆·索亚(Tom Sawyer)和贝姬·撒切尔(Becky Thatcher)等。汉尼拔每年夏季举办全国汤姆·索亚节,还举办塞缪尔·L·克莱门斯(Samuel L. Clemens)艺术和手工艺节,以及全年都有的牛仔竞技表演等其他节日。在纪念它最著名的人物的过程中,汉尼拔不仅使吐温丰富多采的、富有天才的生命永垂不朽,而且还创造了很多的就业机会和带来了千百万的财富。

像密西西比州的图珀洛(Tupelo)〔埃尔维斯·普雷斯利(Elvis Presley)的

出生地)、堪萨斯州的利伯勒尔（Liberal）〔童话《绿野仙踪》主人公桃乐茜的家乡〕和得克萨斯州的格林维尔（Greenville）〔戴维·克罗克特（Davy Crockett）和美国第17任总统安德鲁·约翰逊（Andrew Johnson）的出生地〕都从它们真正的和杜撰的名人中获得了收益。就如图珀洛，每年吸引10万人来参观埃尔维斯·普雷斯利简陋的家一样。

从无名小镇到宾夕法尼亚大道

20世纪美国历史上的17位总统——从罗斯福（Theodore Roosevell）到比尔·克林顿（Bill Cliton）中有12位来自小城镇。以下是这些总统的名单，包括他们就职的时间、他们出生或者成长的小城镇，以及2000年人口普查时这些小城镇的人口：

伍德罗·威尔逊（Woodrow Wilson），1913～1921年——弗吉尼亚州的斯汤顿（Staunton）（人口：23853）

沃伦·哈丁（Warren G. Harding），1921～1923年——出生于俄亥俄州的Corsica（这个小镇已经不存在了），成长于俄亥俄州的Caledonia（人口：578）

卡尔文·柯立芝（Calvin Coolidge），1923～1929年——佛蒙特州的普利茅斯（Plymouth）（人口：555）

赫伯特·胡佛（Herbert Hoover），1929～1933年——出生于艾奥瓦州的西布兰奇（West Branch）（人口：2188）；成长于俄勒冈州的纽堡（Newburg）（人口：18064）

富兰克林·D·罗斯福（Franklin D. Roosevelt），1933～1945年——纽约州的海德公园村（Hyde Park）（人口：20851）

哈里·杜鲁门（Harry S. Truman），1945～1953年——密苏里州的拉马尔（Lamar）（人口：4425）

德怀特·艾森豪威尔（Dwight D. Eisenhower），1953～1961年——出生于得克萨斯州的丹纪森（Denison）（人口：22773）；成长于堪萨斯州的阿比林（Abilene）（人口：6543）

林登·约翰逊（Lyndon B. Johnson），1963～1969年——出生于得克萨斯州的斯通沃尔（Stonewall）（人口：469）；成长于得克萨斯州的约翰逊城（人口：1191）

吉米·卡特（Jimmy Carter），1977～1981年——佐治亚州的普莱恩斯（Plains）（人口：637）

罗纳德·里根（Ronald Reagan），1981～1989年——出生于伊利诺伊州的坦皮科（Tampico）（人口：772）；成长于伊利诺伊州的迪克森（Dixon）（人口：15941）

乔治·布什（Gorge Bush），1989～1993年——马萨诸塞州的米尔顿（Milton）（人口：26062）

比尔·克林顿（Bill Cliton），1993～2001年——出生于阿肯色州的霍普（Hope）（人口：10616）；成长于阿肯色州的温泉城（Hot Springs）（人口：35750）

地方特色。这是你的城镇的本质——它的最大优势或者态度或者区别于其他城镇的东西。想像一下一个辣椒比赛的场景。你有 10 个看起来一样但不同的辣椒品种。每一种在烹饪时都加进了不同的佐料。一些烹调时用汉堡，一些用香肠，一些不放肉，一些纯粹放黄豆和胡椒粉，其他的什么都不加。所有这些不同的调味品，使得每一种辣椒都有不同的味道。

小城镇也是一样的道理。各种调味品到了你的城镇，它们混合起来就产生了一种能够吸引其他人来到你城镇的味道。如果游客看到了美丽的景色，他们就会倾向于欣赏或感兴趣（成为潜在的居民）。

什么调味品使得一个城镇具有特别的味道呢？看看下面列出的这些，看看哪些项目是你所在城镇的优势。你也可以再增加：

- 气候
- 学校
- 大学
- 教堂
- 本地产的动物或鱼类
- 历史事件（战争、演讲等等）
- 在州或者国家中的位置
- 当地的工业产品
- 当地的农产品
- 与众不同的风俗和文化（例如土著的、严紧派的、门诺派教徒的）
- 节日和纪念活动

你的城镇因为什么而出名？或许它是国家知名的色拉味调料和调味汁生产商的故乡，如爱达荷州的桑德波因特（Litehouse 调料），或许它声称因为总统而出名，例如阿肯色州的帕拉古尔德（Paragould）（从这里由 Oinky's Ribs 开始陆续有人进入到了克林顿白宫）。或许它有因精良的设计和做工而闻名的定制家具厂，如缅因州新格洛斯特（New Gloucester）的 C. H. Becksvoort。也许你生活在一个文化中心，像俄亥俄州的柏林，这是严紧派和门诺派教徒的教育和文化遗产中心。也许你生活在离著名的美国内战战场不远的地方，例如弗吉尼亚州的马纳萨斯（Manassas）。也许仅是一场在历史上意义并不重大的战争，但是它仍然能够被重现，例如密西西比州的沃伦县；或者是佐治亚州多尔顿的例子。

同样，蒙大拿州弗拉特黑德（Flathead）的山谷区（Kalispell，Whitefish 和 Bigfork）、迈阿密的鹿岛和蓝邱、马里兰的伊斯顿（Easton）都利用自己的遗产发展成为艺术家的圣地。吸引地方艺术家的城镇也能够吸引更多的旅游者，反之亦然。如此循环下去，城镇不断增长。以弗拉特黑德山谷为例，它以有 2000 多个艺术家和工匠而著称,是美国青铜铸造厂最密集的地区。

南卡罗来纳州的博福特(Beaufort)和犹他州的帕克城(Park City)一年四季都开展艺术活动。尽管这些活动最初都是地方性的,但是它们都产生了区域效应,吸引来了数以万计的游客。

你的城镇可能不在上述任何区域中,或者不是某种产品或事件的发源地,因而不具有地方特色。在辣椒比赛的例子中,记住没有人会喜欢特别辣的东西。通过加入一些柔和的、丰富的调味料就能够满足某些人的胃口。因此,与其完全改变你的城镇,不如合理地利用你的资源和时间,提炼你的城镇中已有的自然味道,让那个味道广为人知(见附录 B 在地方特色方面做得非常优秀的城镇的例子)。

地方的"人才库"。对于一个要发展的城镇来说,应该有良好的智力资源和充足的储备。当一个城镇有一个致力于城镇福利的坚固的智囊团时,这个城镇就有了丰富的智力资源。这些人可能是年轻的也可能是年长的,较理想的是他们来自于不同的背景,有不同的工作经历。

不同的经历和思想不仅对于一个城镇有益,而且是健康的标志。那些害怕不同的观点,或者总是期待有同样想法的人来决定发展道路的城镇最终会陷入困境中。欢迎不同观点,从自身发展的角度考虑这些不同观点的城镇很可能会兴旺。田纳西州的哥伦比亚莫里联盟主席弗兰克·坦贝里诺(Frank Tamberrino)曾经说过这样一句名言:"逆境能带来议会和地方媒体的争论"。成功的关键是一旦做出决定,就把争议放在一边,齐心协力实施这个决定,解决下一个问题。

下面就是如何使你的城镇有一个可以利用的智力资源库的做法:

1. 留住目前的人才。小城镇目前面临的最大问题就是养育了它的子女,但是这些子女都去上大学寻找自己的光明前途了,只是假期才回来。对于年轻人来说,开阔眼界,寻求更好的机会是很自然的事。但是当大多数高中毕业生都离开了城镇,不再回来的时候,那就是一个小城镇开始衰亡的警示。

20 世纪 90 年代艾奥瓦州一半的县人口都在减少,这个州提出了一个留住人口的计划。这个计划主要解决面临的三个问题。第一,首先州长汤姆·维尔塞克(Tom Vilsack)想办法留住想要迁走的年轻人。由于超过 60% 的艾奥瓦的大学毕业生都离开了这里,这个州的网站(www.smartcareermove.com)上列出了需要的 1500 多个专业和技术工作岗位。第二,让出去的艾奥瓦人回来。这个州直接给那些已经离开艾奥瓦的大学毕业生寄去信函。第三,吸引有技能的移民,维尔塞克(Vilsack)设立了"新艾奥瓦"基金帮助城镇吸引全球各地的人来艾奥瓦安家。

伊利诺伊州的 Robinson：想出好的主意

Robinson 是伊利诺伊州东南部一个只有 6822 名居民的小城镇。城镇创立了一个商业孵化器项目来发展和支持企业。这个孵化器是由公共和私人组织建立的，是非营利性的。孵化器的工作人员帮助地方企业形成他们的思想，以及企业成功所需要的商业技能。城镇不仅帮助企业形成思想，而且培养核心团队做战略规划来吸引和留住企业。除此之外，核心团队还为从孵化器出来的企业提供商业机会以留住他们。

克劳福德（Crawford）县发展协会的会长诺尔马·卡德（Norma Carder）说，"孵化器的意义重大，是从内部走向外部的经济发动机。克劳福德县 60%～70% 的经济增长都来自于内部。当地人自己形成了一个思想或者提出一个项目时，他们就会努力做下去。"

2. 和原来的居民重新建立联系。当人们迁走后，他们会通过家庭、朋友或者曾经就读的学校的老师经常和家乡保持联系。经常保持这种联系，尤其是在商业社会中，对于城镇来说是件好事。因为原来的居民获得了更多的经验，和外面的世界建立了联系。原来的居民能够直接地帮助一个项目的实施，或者在城镇和外部代理商或公司之间建立起桥梁，这个代理商或公司是城镇的合伙人。

下面是几个通过保持联系而发生变化的例子。

- 戴维·塞缪尔（David Samuel）生长在缅因州的沃特维尔（Waterville），中学和大学时代是地方舞蹈团的唱片骑士。当塞缪尔从麻省理工学院毕业后，他以 Spinner.com 命名在网上开办了自己的 DJ 公司。Spinner 非常成功；当塞缪尔把公司卖给了美国在线时，他已经有了上千万的资产。这个企业家没有忘记家乡；他经常回来，最近给他曾经就读的中学捐助了一个多媒体实验室。

- 拉里·苏尔（Larry Sur）升到了施奈德物流公司的上层，这是一家世界著名的物流公司。他退休以后，成立了一个咨询公司。他的第一个客户就是他的家乡——伊利诺伊州的埃芬汉。苏尔只收取了较低的费用，就对这个城镇做了一项研究，研究为什么这是一个国内理想的配销区位。研究结果表明，几个国际公司都分布于此。

- 拉里·史密斯（Larry Smith），是电视新闻网络的主力，他生长在伊利诺伊州的马顿（Mattoon）。他每年举办募捐活动，为当地的高中生设立了超过 25000 美元的奖学金。

- 巴特·霍拉迪（Bart Holaday）是早期的一名风险资本家。他是芝加哥一个私人股份公司的总经理和合伙人。在 2000 年退休之前，霍拉迪决定建立一个达科他基金来帮助他的家乡北达科他州。基金的应用主要以企业家的、风险的方式进行，主要集中在各种人力资源和经济发展问题上，包括把旧的学校校舍变为老年中心，以帮助老年人口。

3. 建立新的联系。和原来的居民保持联系是网络关系的一个方面。你还可以与以前没有联系的人或公司建立网络关系。这可以为获得州或联邦的资金打开大门。

大多数地方项目，尤其是较大型的项目，只有通过地方的、公众的和私人的联合力量以及州和国家的资金支持才能完成。无论是一个道路改善工程、供水或排水处理基础设施的改建项目，还是一个完全的新的项目，都需要从地方上推进。州或国家的政治家们通常不会说，"一个新的湖泊或者新的供水系统怎么样？"那种项目的基金是有限的，它需要多方努力才能获得。

密歇根州西布兰奇的（West Branch）是密歇根州东北部一个人口稀少、被丛林和湖泊包围着的只有 2000 人的小镇，在过去的 20 多年里周围的大多数城镇都没有太多变化。它们的无作为给了西布兰奇向前发展的机会。它建立了地方唯一的购物中心，发展了繁荣的商业街区，使地方医疗中心声名远播。琳达·巴恩斯（Linda Barnes）是区域发展协调者和邻城经济发展委员会的主席，她说，"西布兰奇在自身发展上成绩卓著。他们进步非常大。他们没有把我在其他的城镇所看到的限制性因素加在自己身上。他们走在了其他城镇的前面。"

的确，整个城镇齐心协力，西布兰奇从外部争取到了 300 万美元的公共基金用来发展艺术、音乐和体育设施，以及改善地方的基础设施。

与官僚作斗争

我第一次利用网络关系获得投资的经历是 20 世纪 90 年代早期。我的公司帮助我的家乡发展了一个工业园区来招募新的企业。但是，铁路是城镇吸引新企业的障碍。上下班的人和企业都感到这里的铁路不堪重负。更重要的是，在紧急情况下，从消防和救护的角度看，这里的铁路线存在很大的隐患。

当地的公共和私人机构联合起来，做了一项规划，争取到一个向市长汇报的机会，最后成功地从州、联邦和地方上得到了 1300 万美元的资助，项目得到通过。今天，你在这里乘坐火车去旅游根本不用等待。我们在其他城镇中也都采用了同样的战略，以使那些单靠地方资源不可能完成的项目获得资金的支持。

当然，关系网不只局限于个人或者公司。城镇之间的联系可以使城镇之间建立伙伴关系，使双方都受益。记住在第一章中讲到的约翰·纳什的均衡理论，竞争对手能够共存甚至互惠互利吗？当小城镇合作起来共同完成一个项目的时候，就会达到双赢的目的。一个城镇提供智力资源，另一个提供劳动力，结果是双方互利。

下面就是一些城镇合作起来共同完成一个项目的例子。实际上，大家彼此竞争争夺一块蛋糕，不如把蛋糕做大了。

- 威斯康星州的多尔（Door）县坐落在一个分割绿湾和密歇根湖的半岛上。它有许多小的城镇，靠这些小城自己的资源是无法改变自己的。但是，作为多尔县的成员他们合作起来，把它建成了中西部的最好的休闲娱乐圣地。许多年来，多尔县吸引了大批有才华的艺术家，超过 100 个全职的艺术家在这里安了家。夏季两个剧院都开放。
- 华盛顿州的 San Juan 岛，这些小的岛屿合作起来，共同吸引艺术家和小企业，而不是一个个岛屿单打独斗。
- 佐治亚州布伦瑞克（Brunswick）周围的地区也合作起来发展旅游业。这个区域包括布伦瑞克和 St. Simons 岛上的 Golden 小岛、Sea 岛、Little St. Simons 岛和 Jekyll 岛。旅游团队建立了一个欢迎中心和两个游客中心。
- 艾奥瓦州西南部 Amana Colonies 的一些小城镇联合起来宣传区域的历史和独特的遗产。通过一起努力，这些小城镇每三年举办一次农业发展展览，这是中西部最大规模的农业展。

第 6 章

秘诀之四：培育强有力的领导人

领导者各种各样，来自于生活的各个方面。他们有时是选举产生的，有时是情况需要而产生的。有人天生就是领导，其他的人是在恰当的时间、恰当的地点而成为领导的。有些人只在一分钟，一个小时或者一天的时间中担任领导，但是短暂的时间过后却被永远地记住了。

在小城镇，领导者不只是市长、市议会、城镇代理人、经理或者商会会员。各个阶层的人——政府、企业、教育、健康、宗教、服务、私人不仅有机会而且有责任在他们的领域担当领导者。来自于这些阶层的人如何在他们的领域中发挥作用决定着城镇的健康和成长。许多小城镇，领导者都担当几个角色，这并不奇怪。例如，佛罗里达州的奇普利（Chipley），市长既是商会执行会长还是经济发展者。伊利诺伊州的平克尼维尔（Pinckneyville）有更不同寻常的混合角色：全职警察还是城镇的兼职经济发展者。

需要许多东西

领导者的懒惰思想就是别人需要我做事，那只是少数人需要的领导者。这是错误的想法。正如比得·森格（Peter Senge）在拉斯·S·莫克斯利（Russ S. Moxley）的书《领导和精神》（Leadership and Spirit）（Jossey-Bass 出版社，1999年）中所指出的那样："伟大的领导者具有魅力的原因是他在发展领导才能上多方位地承担了我们的责任。"森格指出，"领导者的潜在需求……通过组织来发展领导才能可以得到满足……，不是依靠一个英雄的领导人……领导是集体的力量。"

的确，单一的领导会破坏生活的民主。依靠一个或者几个领导——无论是在学校，企业，组织机构还是城镇政府—相当于只是点燃四个喷气机引擎中的一个，依靠那一个引擎使你安全到达目的地。这既是不必要的，也是危险的。如果政府真正地"来自于人民，服务于人民"，那么人民应该参与进来。伟大的领导人知道这些，因此，在他们的周围总是围绕着他们所统治的有智慧和在各个方面有优势的人。他们和这些人协商，信任他们，并被他们指引。

领导者在传统意义上被理解为在一些特别的场合才会出现，但是在现实中他在任何地方都能产生。在一个有效率的、不断增长和繁荣的城镇中，真正的领导在群众中产生。真正的领导没有年龄、性别、社会经济背景、教育、地位、头衔或者经历的区别。他可以是一个95岁高龄的人，男性或者女性，他根据比他年龄还大的规则来形成自己的思想，从而发展经济。他可以是一个只是接送孩子，给孩子换尿布，参加亲子活动的母亲。他可能是一个学校的学生，他有关于学校，城镇节日或者新的公园建设的好的想法。他可能是一个移民，几乎不懂英语，但是知道如何去改善工厂的效率。他可以来自于任何地方、每一个地方。那些传统意义上的领导不但知道这些，而且他们就靠这个生存。

没有哪一个英雄会骑着白马进入你的城镇，把你的城镇从灾难中挽救出来。只有你城镇中的人们——你的朋友和邻居；你的商人和企业家；你的牧师和传教士；你的消防人员和警察；你的银行家和保险代理人；你的医生、律师、教师和行政人员；你的职员和助手；你的经理和机械师；你的城镇议会和商会；你的市长，村代理人和市镇管理者。这些人合起来会产生大量的智慧和经验。这些人合起来会形成远大的理想和梦想。这些人一起会把握你的城镇的未来。正如你所希望的那样。

强有力的地方领导人的9个品质

虽然真正的领导应该和许多人共同承担义务，但是城镇的远见、热情和义务总是在他的政府身上表现出来。在商界和体育界你能看到这种自上而下的效果，因为雇员通常会接受公司主管人员的态度，而运动员，在比赛中通常会反映他们的教练和经理的个人观点。

密西西比州的图珀洛镇：声名远播

1934年，当乔治·麦克林（George Mclean）买下密西西比州图珀洛（Tupelo）镇破产的《新闻周刊》的时候，他并不只是想挽救一家报纸：他是想挽救一个城镇。他的人生目标用他自己的话说就是："为上帝和人类服务，"他把那样的目标用在图珀洛城中。

麦克林认为图珀洛镇的未来依赖于城镇内部和城镇周边地区，取得进步的惟一办法就是改善贫困人口的生活状况，当地居民要投入时间和金钱来提高图珀洛城居民的生活质量。

麦克林的第一个项目相当务实。他说服另外16个地方商人买了一头公牛，以每头牛5美元的价格使奶牛受精。通过这种方式他在这个县发展了一个乳品基地，使当地贫穷的农民从牛奶中获得了稳定的月收入。之后，在1948年，麦克林和一些企业家从当地的151家企业中募集了25000美元建立了城镇发展基金。基金会成了提升图珀洛和利县

（Lee County）周边地区居民生活质量的关键。

麦克林也积极努力吸引新的企业来发展他的新闻报纸，他把周刊变成了非常成功的独立的日报。他还积极努力地推动种族平等，1965年，他参与使地方学校废除种族隔离的行动并非偶然。麦克林研究了亚拉巴马州北部地区如何发展经济后，为利县引进了一些具有创新性的技术。1972年，他和他的妻子建立了一个名为CREATE（基督教、研究、教育、行动、技术企业）的城镇慈善基金。通过这个基金，城镇在1983年麦克林去世后买下了报纸的所有权，从而实现了他的人生目标并完成了这个项目。

麦克林努力发展新的产业，使整个区域的经济多样化。如今的利县是密西西比州第二个最富裕的县，有200多家不同的企业——如果你考虑到图珀洛是一个高度农业化的农村区域时，你会感到非常惊讶。这个县只有72000人，但却有52000个工作岗位。

堪萨斯州的田园城：经受大火的考验

圣诞节通常是家庭团聚，回顾过去，感恩和宁静的时间。但是2000年12月25日那天的堪萨斯的田园城是非常不宁静的。那天，一场大火毁坏了田园城1/3的肉类加工厂。这是一个位于堪萨斯西部平原上的有30000人口的城镇。ConAgra工厂关闭了，使得2300人——城镇10%的劳动力——在一夜之间失去了工作。

城镇早先就建立了一个田园城领导项目。这个项目改变了它的领导发展计划。原来的领导是从关系网中发展起来的，而现在项目主要关注具有热情的人。当城镇的领导人面对灾难时，热情就展现出来了。他们得到了州的失业基金，并和失业的劳动力商议如何使用这些基金，还做了很多的社会服务工作，在预期收益减少的情况下降低了市政预算（ConAgra每年的工资支出是4300万美元），并制定了一系列激励政策鼓励ConAgra重新开工。

工厂的倒闭使得失业率从正常的3%~4%上升到了近12%。但是在这场大火发生后的一年时间内，虽然有极少数的失业人口迁移到其他地方找工作，但是失业率却降低到了5.8%。零售业、保健业、社会服务和相关支撑产业（仓储和货运）的发展弥补了肉类加工厂的损失。虽然这个工厂没有重新开工，但是田园城在灾难的重建过程中充分显示了它的弹性和领导才能。

例如，20世纪90年代芝加哥公牛队由于迈克尔·乔丹（Michael Jordan）和包括斯科特·皮蓬（Scottie Pippen）在内的富有才华的队友的加盟而具有明显的优势，当时受菲尔·杰克逊（Phil Jackson）的领导，他是全国篮球协会历史上最成功的教练之一。当然，任何教练都会欢迎天才的乔丹和他的队友，但是问题并没有想像得那么简单。毕竟，每一场比赛都有特别优秀的队员在内的球队，但是如果不加强合作，也不能赢得冠军。

芝加哥公牛队在 8 年时间里赢得了 6 个冠军，这些成绩是在没有一个中心人物或者明星的支配下取得的，是典型的势在必得的冠军。他们取得这样的成绩，并不是因为其他的球队坐等迈克尔·乔丹创造奇迹，其他球队也都有非常优秀的球员。他们取得这样的成绩，并没有像一般的球队一样为了争作超级明星而争斗和结成派系。正如杰克逊在他的书《神圣的篮圈》（Sacred Hoops）（海波龙，1995）中写的，"公牛队赢的真正的原因是我们具有一个整体的力量，而不是某个个人的力量，超越毁坏球队的以自我为中心的力量的球队才是一个天才的球队。"正是杰克逊领导着这个具有凝聚力和团队精神的球队，才使公牛队成为运动史上最伟大的球队。

同样的道理，每个城镇居民都负有城镇进步和成功的责任。居民如何与地方领导者相互合作能决定城镇的命运。成功的城镇从各个方面培养领导人，赋予人民以热情，给每一个公民发言权。它必须接纳和考虑不同的意见，有一个公开的、灵活的、鼓励城镇居民相互合作的地方政府。尤其是，最好的地方领导者能做到如下这些：

1. 创造一个积极的、公开的工作环境和具有肯干的态度。 积极的环境为好事提供了一个平台，也为政府、企业和其他人很好地合作提供了一个舞台。当一个城镇鼓励公开讨论和采取肯干的态度时，它就能够使其他的关键要素发挥作用。对于企业和个人来说，积极的环境有利于公共氛围的形成，在这种公共的氛围里合作和解决问题非常重要——所有都聚焦在什么是对城镇最好的。

2. 有远见。 远见和积极的环境有密切的关系——正如是鸡生蛋还是蛋生鸡的问题。积极的环境可以使城镇领导者在制定城镇的远大目标上发挥他们的作用，并且努力实现那样的目标，强化公开的工作环境和肯干的态度。

没有远见的城镇很可能在这方面有问题。不一致的远见——当意见相佐或与目标有冲突时——就像没有远见一样糟糕。当地方政府和企业彼此一直不合作时，没有一个城镇会赢。政府和企业之间关系有些紧张，有冲突，彼此相互制衡是很正常的、也是无害的。但是对于一个向前发展的城镇来说，他们都需要有同样的远见。

1987 年，爱达荷州的科达伦（Coeurd 'Alene）组建了它的工作和经济发展委员会，鲍勃·波特（Bob Potter）发现在继续发展方面有人和他有一样的远见。波特是美国电话电报公司原来的销售部副经理，他退休后管理这个委员会，并取得了巨大的成功。他吸引了 74 家公司到这个地区——提供了 3780 个工作岗位和 8500 万美元的个人收入——帮助筹集了 3.4 亿美元的资本投资。

3. 促进政府和不同部门间的合作。 当一个城镇在一种积极的、公开的环境中发展，有共同的远见时，各个部门和个人之间就会具有很强的凝聚力。具有团队精神，每个部门都发挥它的作用，所有的部门都有共同的关于城镇健康发展的远见，这样的城镇才能取得真正的成功。

电影《印第安纳州》（Hoosiers）人物就生动地（恰当地）描绘了这个概念。它讲述了一个来从印第安纳州米兰的一所高中篮球队的故事。这个球队在印第安纳州决赛中打败了一个大城市球队。小城镇球队在赛季早期因为球员自私自利和不承担义务而苦苦挣扎。当教练要求无私的精神和承担义务时——让这些男孩子们敢于相信自己并具有远大的理想——这些男孩们成了一支不可阻挡的胜利的球队。结果——根据真实的故事——一个极其不可能的州冠军和极高的评价——团队精神能成就一个失败者和一个小城镇。印第安纳州现实生活中的事就像电影中的那样，有长久的受人尊敬的篮球声誉。

对于一个试图实现经济增长和复兴的城镇来说，就如同小城镇的男孩们努力实现冠军的梦想一样，需要团队精神，承担义务，需要信任和具有远大的理想。城镇的每一个成员都要有可以接受的而且是必不可少的目标。每一个成员都能给城镇带来力量，在城镇的健康发展中发挥自己的作用。然而，这些目标必须联合起来才能成为一个充满活力的、有价值的城镇的组成部分。

下面是关于团队合作的令人惊讶的两个例子。这两个例子都与自然灾害有关。它们都集中了整个城镇的力量，致力于解决主要的问题。1980 年 St. Helens 火山爆发，华盛顿 Moses 湖的人们清晨起来发现整个城镇被 6 英尺厚的火山灰覆盖了。市民们迅速集合起来用铲子把它们清理出去。同样的，1993 年密西西比河洪水泛滥也证实了像明尼苏达、威斯康星、艾奥瓦和密苏里州许多城镇的团队合作精神。市民们沿着河流保护防洪大堤和用沙袋来保护他们的家园。

内布拉斯加州的布法罗县：团队精神扭转负面影响

内布拉斯加州布法罗县的市民们在 20 世纪 90 年代早期就开始倡议关注家庭暴力、未成年人怀孕、自杀和老年人的健康保健问题。来自于卡尼（Kearney）（乡村的）和这个县其他城镇的 41000 个人开始讨论如何扭转这些负面影响。他们组成了布法罗县健康合作伙伴作为扭转趋势的发起人。

合作者们在 1994 年对整个县进行了评估，挑选出了 15 个需要优先做的事。在 7 年时间里，志愿者们团结起来努力工作完成了一多半的任务，包括建立 Alzheimer 健康中心；增加了老年人福利中心生活面积；减少了家庭暴力、未成年人怀孕和自杀的发案率。完成第一个扭转负面影响阶段的目标只花费了来自各界捐赠的 290713 美元。

团队经常开会，起草了一份 2006 年的行动计划。新的任务包括减少儿童的铅摄入标准、改善西班牙人的健康医疗条件、增加住房面积、扩展公共交通。

4. 在做决策时，记住优先考虑的事。对于地方政府而言，"优先权"意味着要牢记政府是为城镇服务的。城镇的福利是首要的；政府做决策的根据是这些决策的结果是否会对城镇的福利有积极的影响。

对于一些城镇尤其是那些政府部门和企业之间意见不一致的城镇来说，这可能成为一个很难处理的问题。在这种情况下，政府可能会认为它知道什么是对城镇最好的，在某些领域推行立法，进行优先发展，而这些领域可能与企业的发展相冲突。这里的教训就是如果不知道你的城镇居民的目标和需求，你就不能很好地服务于你的城镇。有效地和企业、个人进行交流就是优先考虑的事。如果不能和群众有共同的远见，没有哪个政府能够很好地服务于它的城镇。

5. 倾听市民关注的事，欢迎批评意见。最好的小城镇的政府受到城镇居民的信任和爱戴。它们从各个方面把居民团结起来，鼓励他们对目前的状况和未来的发展发表意见。当热情和信任再加上知识、经验和远见时，城镇就有一个光明的未来。一个明智的地方政府能够把它的知识、热情和信任很好地融合起来，使人们相信没有种族、年龄、性别或者社会经济地位的限制。同样，一个明智的政府知道没有热情和信任，知识和经验是没有任何意义的。

不健康城镇一个的迹象是不同的意见没有反映的机会或者地方政府听不进去，因为地方政府只是按照它的意愿去做事，从来都不关注它的居民。政府和它的居民之间的关系在某些方面就像婚姻关系：不愿意交流，或者一方感到另一方不愿意听时，关系就很糟糕。一个城镇的后果就是：失去机会；不再增长；有反对的现象；士气较低，并且阻碍了积极的因素。

由于地方政府不愿意听或者不关注市民的意见而导致的不健康的关系自始至终都是不必要的。也许政府拒绝听取市民的反馈意见是因为，本质上，"一只老鼠会坏一锅汤。"也就是说，几个古怪的人或者长期抱怨的人会引起反攻行为，取代政府。它们把所有的居民都看作是古怪的或者有抱怨的人，因此在政府和市民之间树立起了一道看不见的但是真正存在的墙。

强有力的领导人知道在城镇中有些人很难接受新的思想。新的思想可能会遇到反对意见，例如"我们一直是那样做的"，"那种做法在这里行不通"，"如果失败了怎么办？"以及"其他的人（不是我）会从中受益。"虽然反对者们很容易集合起来反对某件事，但是如果城镇不尝试新的思想，它就会持续目前的状况。有远见的领导人喜欢这样一句谚语，"最大的冒险就是不作为。"

6. 不要回避挑战和问题。面对挑战和问题的方式有很多。拒绝是一种较强烈的反应：因为害怕失败或者任务太艰巨，很轻易地就否定困难。自我提升是另外一种方式：当问题出现时，受问题影响的每一部分都根据它自己的利益（通常会对别人造成危害）来解决问题。

公开指责是另外一种用得比较多的方式。公开指责的人能迅速地辨别问题的来源（从来没遇到过）和问题的大小，也知道如果不是反对者把整个事情搞砸了，他们是不会面对问题的。焦虑或不行动则是这种方式的一种极端的反应，但是却有同样的结果。你可以恼怒、担忧、焦虑和不断地谈论问题，花费大量的精力在上面，而从来没有做成什么事。或者你被恐惧或者问题吓倒。

最有效地的面对问题的方式——表面上骗人的解释—是解决问题。解决问题的人知道挑战，把解决问题的人都联合起来，投入精力来认识它—有时甚至是创造性地解决问题。

有 4736 人口的威斯康星州的克林顿维尔（Clintonville）镇面对纽约的"9.11"恐怖袭击，并没有退缩。小城位于绿湾西部 52 英里处，被称作 Truck 城，因为 Seagrave 消防设备生产厂就在那里。Seagrave 有 360 名雇员，是整个城镇就业人口最大的企业——是纽约消防部电梯、抽水机、消防车的主要供应商。

当纽约市需要订购 54 辆消防车时，工厂雇佣了额外的工人加班工作，在规定的时间内生产出了第一部消防车。此外，Seagrave 代表公司员工给纽约市捐了一台价值 35 万美元的抽水机。

亚拉巴马州的尤福拉（Eufaula）镇：战略性的计划起了很大的作用

亚拉巴马州的尤福拉位于盛产鲈鱼的尤福拉湖岸，与 11000 英亩的尤福拉国家野生动物保护区相邻。除了鹿、美洲野猫、狐狸和其他的动物外，每年还会有 300 多种鸟来这里栖息。

尤福拉的 13908 个居民决定利用丰富的自然资源来改善他们的经济状况和增加就业，但是要用保护环境的方法。这个想法源于几年以前，当时尤福拉的高尔夫球场因为保护水源和野生动物栖息地，获得了一项特殊的奥杜邦国际奖。这个奖项带来了新的开端，奥杜邦国际奖把城镇命名为美国第一个"奥杜邦合作避难所。"

大约 1000 个市民花了 17 个月的时间制定了一份"2020 年的尤福拉"战略规划，在 2002 年秋天提交给了市议会。规划的关键部分是规划以及项目的实施考虑到了对环境的影响。市长杰伊·杰克森（Jay Jaxon, Jr.）说："我们努力使每个人都参与到城镇的发展中来，把城镇建设成为我们所希望的那样，制定了一个如何去实现的策略。"他计划每四个月开一次会，以便跟踪城镇 20 年规划的实施情况。

7. 根据城镇居民长期的福利做决策。最有效的问题解决者总是把城镇的长期福利记在心中。他们考虑城镇的未来,它的优势、资源、城镇的产业和劳动力,如何能够使这些部门健康发展。最好的问题解决方案应该是长期的。通常,短期的问题解决方案会妨碍城镇长期的健康和成功。

犹他州和韦伯州立大学的合作就是一个致力于城镇居民长期发展的一个很好的例子。犹他州着手建立犹他州智力网站,最初的目的是通过网络为犹他州的乡村居民提供技术方面的工作。刚开始有 15 名专家对来自于乡村的犹他州居民进行培训,使他们成为医学方面的编程技术人员。他们都就职于 AviaCode 公司,这个公司给医疗保健商提供网上医疗编程服务。公司计划雇佣 100 名医疗编程专家,每小时平均工资为 15 美元——高于非农业工人平均工资 32%。

8. 愿意分享领导和"利益"。在一个充满竞争的资本主义社会,大多数人都努力尽可能获得一块最大的蛋糕。他们把自身看得最重要,至少是在利益上面。相反,有效的领导人青睐于使每个人都受益的战略。最聪明的商业领导人知道那样的战略不仅使整个城镇受益最大,也使他们自己的企业受益最大。

愿意共同领导会通过扩大当前的企业而发展城镇的未来,通过城镇的节日和其他的项目吸引新的企业从而产生收益。简言之,它扩大了整个城镇的福利,带来了更多的资本和更多的工作,潜在地产生了住房的需求,这又会使建筑公司和相关的公司受益。进一步的解释就是:一个领域增长了会引起其他领域的增长,同时又会影响另一个领域,如此进行下去。很快,每个人的蛋糕都大了。宁愿在你的城镇中为一块小的蛋糕而斗争——用怀疑的眼光盯着别人,以防他们偷窃你的蛋糕——不如坐下来,和你的居民共享宴会。

那种扩张不是轻而易举就获得的,使其他人相信扩张是现实的,甚至是最好的途径,通常是很不容易的。许多人习惯于和人争斗以获取他们的那一部分,对其他方式都持怀疑的态度。城镇的领导人需要和企业有共同的远见,应该清楚地知道,如何使整个城镇这块蛋糕做大,从而使所有的人受益。

9. 培养未来的领导人。城镇的领导人应该擅长于培养新的接班人。看看一个具有生命活力的小城镇教堂的例子:它的神父、领导人和教徒都是富有热情,愿意为城镇服务的青年人。当岁月流逝,新的成员就会加入进来,但基本上都和大多数教徒同样的年龄——中年人。他们仍然富有热情,仍然在各个方面为整个城镇服务,但是他们不再年轻。当教堂到了年老的时候,它的教徒行动迟缓,开始走向衰败。教徒们看到在相应的职位上没有年轻人接管,便任其发展。因此,当它的成员都死了以后,教堂就消失了。

第6章 秘诀之四：培育强有力的领导人

伊利诺伊州的贝尔维迪尔（Belvidere）镇：有魄力的企业运作方式

像许多乡村的城镇一样，伊利诺伊州的贝尔维迪尔也有一个工业园区。典型的工业园区都是通过提供金融支持来吸引新的企业，例如在几年时间里减免不动产税，在建新工厂时降低营业税，根据创造的就业机会的多少降低贷款税率。（看第七章：鼓励企业家精神）

贝尔维迪尔给予它的产业园区特别的优惠办法。如果原来的公司（原来招募进来的公司）在5年时间里能吸引到它的供应商，那么它就会享受到长达8年的按比例减少的不动产税。因为它的这种独特的激励做法，几家公司正在重点考虑贝尔维迪尔镇。

因此，对于小城镇来讲也看不到它的未来。没有领导这把火炬的传递，城镇就像教堂一样——疲倦，衰弱，不能继续。如果你的城镇在领导职位中有年轻人，结果就会与之相反。让他们也体验一下责任感。让他们也尽主人的义务，你会看到他们会完全不一样。

对于年轻人来讲渴望在世界上与众不同，小城镇是他们展示才华的理想舞台。在小城镇能够听到个人的声音，对城镇的责任感是普遍的、深入人心的，人们能够看到他们努力的结果——这一切更甚于大城市。为他们的居民，包括学生和年轻人实施一些项目的城镇如下：

- 亚拉巴马州的克兰顿（Clanton）镇：克兰顿的奇尔顿（Chilton）县商会每年9月到次年5月（每个月有一整天）开设领导课程，会议议程包括县的历史、经济发展、教育、公共安全和地方政府。课程的设计是为当地居民将来在这个县担任领导岗位做准备。

- 路易斯安那州的哈蒙德（Hammond）镇：哈蒙德的青年发展委员会成立于2000年，这是城镇战略规划的一部分，目的是能够使青少年人有发言权。部分做法是在当地每个月出版一份青少年的报纸。

- 华盛顿州的科尔维尔（Colville）镇。科尔维尔青年委员会设立的目的是提出一些关于提高Colville地区年轻人生活质量的建议。

- 伊利诺伊州的盖尔斯堡（Galesburg）镇。盖尔斯堡是诺克斯（Knox）县青少年法庭所在地。这是一个由志愿者组织成立的法庭，目的是通过社区服务，给青少年犯罪者一个悔过自新的机会。犯罪者同意接受由他们的同龄人——青少年组成的陪审团的审判。青少年法庭还给青少年一个参与司法审判过程的机会。

- 密歇根州的黑斯廷斯（Hastings）镇：地方商会发展了一个名为巴里县领导的项目，旨在提高个人的领导能力、组织能力和城镇的效率。项目的目标是使参与者获得知识，了解城镇，知道如何去影响公共政策，了解城镇的政治和金融结构。

令人尊敬的马丁·路德·金（Martin Luther King）在一次演讲中说讲道："如果你想成为一个非常伟大的、非常优秀的人，那么要让爱在你心中是第一位的。精神道德在你心中是第一位的。慷慨在你心中是第一位的。但是记住你们当中最伟大的人就是你所服务的人。"

金在心中牢记：真正的领导是为人民服务的。一个领导人为了使城镇的利益最大化会牺牲某个人或者某一群人的利益。

华盛顿州的莱文沃思

20世纪50年代莱文沃思的前街——和其他的小城镇没有什么区别。(照片来源于神奇的城镇 Leavenworth 商会)

今天的莱文沃思的前街——具有巴伐利亚的独特风格。[照片由华盛顿州莱文沃思的罗伯特·史密斯(Robert Smith)提供]

密苏里州的布兰森

普雷斯利（Presley）家族剧院——布兰森的第一个音乐演出地。（照片由普雷斯利公司提供）

布兰森的第一个剧院——吉姆·欧文（Jim Owen）的 Hillbilly 剧院，点燃了城镇的思想火花——这个思想把布兰森变成了音乐之都，每年吸引 700 多万名游客。[照片由汤森·戈德西（Townsend Godsey）提供，版权为 Manta Ray 出版社]

伊利诺伊州的埃芬汉

1999年埃芬汉的铁路工业园区——许多空地和待开发的土地。[照片由P·J·瑞恩(PJ Ryan)提供]

2003年埃芬汉的铁路工业园区——埃芬汉铁路已经对园区的许多企业产生了巨大的影响,包括Krispy Kreme甜面圈生产和配送中心。(照片由P·J·瑞恩提供)

密苏里州的开普吉拉多

东南密苏里州立大学的学术中心。这所大学是城镇的招牌之一。(照片由东南密苏里州立大学提供)

东南密苏里州立大学的理工楼。建成于2001年,耗资790万美元的理工学院包括农业技术系,曾获国家农业技术协会认可。(照片由东南密苏里州立大学提供)

第 6 章　秘诀之四：培育强有力的领导人　　67

开普吉拉多的市中心——历史上的建筑是城镇景观的一部分。（照片由开普吉拉多商会提供）

索证中心（Show Me Center）——极少的城镇和大学合作关系的印证。（照片由索证中心提供）

新罕布什尔州的莱巴嫩

位于新罕布什尔州莱巴嫩的达特茅斯·希契科克（Dartmouth-Hitchcock）医学中心是美国历史上第四座建成的医学院。[照片由摄影师蔡平（Chapin）提供]

在莱巴嫩这个只有13000人口的城镇，就业于医学中心的人口达到了6000多人。（照片由摄影师蔡平提供）

印第安纳州的哥伦布

哥伦布的市政大楼展示了现代化的建筑风格。（照片由 Balthazar Korab 公司提供）

印第安纳贝尔交换中心是印第安纳州哥伦布著名的建筑。（照片由 Balthazar Korab 公司提供）

密西西比州的图珀洛

图珀洛的家具市场拥有占地面积 150 万平方英尺的展览中心,家具厂商可以在此展示商品。(照片由密西西比州利县图珀洛城镇发展基金提供)

高级教育中心是一个可以为 150 万名劳动者提供培训的机构,由密西西比大学、伊塔文巴(Itawamba)社区学院、密西西比女子大学合作建成。100 多万美元的资金从城镇发展基金的企业中筹集。(照片由密西西比州利县图珀洛城镇发展基金提供)

第 7 章

秘诀之五：鼓励企业家精神

对任何一个繁荣小城镇的研究发现，企业家精神体现在方方面面。事实上，一个小城镇不需要有太多的企业家，因为这些企业家精神就足以帮助小镇更加繁荣兴旺。拿密西西比州的费城（Philadelphia）来说，它是全美前 100 名乡村都市之一（见附录 A），它的发展一部分归功于 Yates 公司。这家镇上的建筑公司有 4100 名员工，在 2003 年《福布斯》（Forbes）杂志中最大的私有企业排名中位居第 272 位。

虽然企业家经常从他们自身的利益出发，但这却是一个有远见的自身利益——把小城镇兴旺的宏伟蓝图也考虑在内——使得许多小城镇获得成功。培养这些企业家，并给他们以足够的发展空间。小城镇认识到企业家做得越好，它们的小镇就会发展得越好，这是一个良性循环。

以印地安纳州的 Santa Claus 为例，它在 18 世纪圣诞前夜的一次小镇会议上得名。1946 年，路易斯·科赫（Louis Koch）在他的小城堡里建造了一个娱乐场所，并把它命名为 Santa Claus 公园（1984 年更名为假日乐园）。当路易斯的儿子比尔（Bill）从第二次世界大战中归来后，搬到了 Santa Claus，从其兄弟那儿买了这个公园并逐渐加以扩建。在 20 年的时间里，Santa Claus 的人口稳步上升，并发展成了一个城镇。

比尔的注意力不仅仅放在怎样使他的主题公园更具吸引力，而且还放在怎样使他的城镇成为模范城镇上。他进行了城镇的第一个功能分区，将之命名为圣诞湖村，购买并引入了第一家银行，建立了城镇的购物中心和高尔夫球场。他吸引了第一个制造业企业——精博（Kimball）公司，并捐献了一块地作为厂址。换句话说，比尔是致力于经济发展的先驱者。

虽然比尔在 2001 年去世了，但他的妻子和孩子继续以他的方式经营假日乐园，包括为公园里的每一个人免费无限供应软饮料。他的儿子威尔（Will）以前曾经为一个大的国防部承包商工作过，目前是假日乐园的总裁。威尔说："凭借从前在大公司工作的经验，我认识到自己只是看到了一幅图画的很小一部分。我从来不知道顾客是谁或者市场是什么样的。而在这里我总是在解决问题并从战略的角度来思考问题。"现在，假日乐园整个夏季雇佣超过 1000 名员工，并且每年差不多吸引 100 万游客。这个城镇也从威尔·科赫祖父时期几个人的小镇发展成为现在的超过 2000 名居民的大镇了。

企业家精神

像科赫家族这样的企业家对自己和企业有远见并有一个使他们的事业成功的计划。尽管好的企业家确实知道什么对他们自己的企业来说是必要的,并且把精力投入到其中去,但那个计划往往还是跳出了做生意的老路子。

有两种特征把企业家和普通人区分开来:一种是他们能看到别人看不到的机会;另一种是他们敏锐地知道冒风险实现目标的时机。除了可以在他或她选择的领域中成为专家以外,一个成功的企业家还必须把握五个方面。一个城镇也是这样:

离开你的安乐窝。可以很肯定地说路易斯·科赫在印第安纳州 Santa Claus 开主题公园的主意一开始就受到一些阻挠和怀疑。他的儿子比尔提出有关扩建的计划也为城镇居民带来了不便,并引起了他们的反感。如今,Santa Claus 是一处很大的旅游胜地。但是如果20世纪后期科赫家族没有离开它的安乐窝来领导建立这样一处旅游胜地的话,这个城镇会在哪里呢?地图上恐怕不会存在。即使存在的话,它也只是一个毫无生气的被人遗忘的小镇,一个所有旅游者都不愿意去甚至本地的年轻人都想离开的地方。

开阔视野

1961年,迪克·卡贝拉(Dick Cabela)参加了芝加哥的一个贸易展览会。当时他在内布拉斯加州(Chappell)(人口:983)创办了一个家具企业。虽然这个展览会并没有帮助他发展家具生意,但却使他开阔了视野。回到家乡后,利用飞蝇钓鱼的知识和开创新生意的一些方法,卡贝拉开始了提供"12个手绑的飞蝇只要1美元"的邮购生意。

除了手绑鱼饵的订单外,迪克和他的妻子玛丽(Mary)还出售其他户外用品,像钓鱼竿、睡袋、猎枪和猎装。他们崭新的邮购事业正缓慢地往前发展。1969年,夫妇俩把卡贝拉公司搬到了内布拉斯加州悉尼(Sidney)附近,从此以后就在这里发展下去。

公司业务继续在增长。随着邮购生意的发展,卡贝拉夫妇又沿着中西部主要的州际公路开设了几家大型零售商店(他们的第二家零售商店位于内布拉斯加州卡尼——前100名乡村都市之一;见附录A)。他们每年在美国50个州以及120个国家的邮购目录达到了6000万份。迪克·卡贝拉以一名真正的企业家的口吻说:"如果说卡贝拉家族企业已经历尽艰难险阻,这未免太轻描淡写了;但如果说卡贝拉家族企业已经发挥出它全部的潜能,这未免又太过低估它了。"

试图把他们的安乐窝扩大的小城镇必须要对付两大敌人:安于现状和对失败

的恐惧。他们会一起发动车轮战攻势来组织小镇向新的领域扩张。那些只安于现状并害怕失败的人发现拉动或动摇这两大敌人具有不可抗力；就像试图在齐腰深的、黏稠的蜂蜜中跑步一样困难。你一时半会儿哪儿都去不了。

不幸的是，你会在太多的小城镇看到这种态度。这种态度表现得尤为明显的是以前生产石油、矿产和钢铁的小镇以及那些经历过经济衰退的小镇。它们不是集中力量重新振作，而只是简单地放弃了。要克服安于现状和对失败的恐惧需要用 PEOPLE 战略赢得人心（见第 3 章）。

小镇可以通过很多方式鼓励企业的发展：通过建立开发区和许可经营过程；通过企业初期发展时的孵化器；通过指导企业和有关服务机构来帮助企业成长和壮大。尽管那样，小镇也可能会压制企业家。伊利诺伊州的一个小镇在 20 世纪 80 年代后期接到一个好几百万美元的美国联邦政府项目，这对小镇来说无疑是一个机遇。但是，小镇的领导者为此争论不休，并在居民提出如何为项目募集资金时设立障碍。因为小镇的领导者不能脱离他们的安乐窝，于是小镇失去了一个繁荣兴旺的黄金机会。

你也不必总想着怎么跳出那个安乐窝。如果你的小镇正欣欣向荣，如果事情一切进展顺利，如果你认为你的小镇已经发挥出潜力的话，就没有理由再扩张它了。只要保持住，并按计划的那样发展就行了。但是当这些计划不能使你的小镇发展到一个新的高度，或者不能帮助它摆脱经济萎靡或人才流失的话，你就必须好好考虑一下培养企业家了。

考虑风险。生活不是一次无风险的旅程。无论你是多么棒的司机，手握方向盘的时候都难免会遇到危险，无论你是多么优秀的雇员，在为你的公司或你选择的领域中工作时都要冒险。无论你是一个多么好的人，不幸的事情都可能会发生。无论是个人、企业还是小镇，取得成功还是维持成功都无法得到保证。人会摔跤，朝代会灭亡，大企业会在一夜之间垮掉。

尽管无法控制的因素很多，但你却可以控制你的态度。当你愿意尝试着去冒这个风险的时候，你成功的机会和从失败中振作的机会就大大增加。甘愿冒风险的人和小城镇往往被那些没有相同进取精神和远见的人所崇拜。

行业平等的机会

小镇可能舍弃自身的眼前利益而引进外面的企业。例如，一些小镇吸引外面的企业——特别是制造业和高科技产业——通过税收增额融资（TIF）或产业园区（E/Z）的方式。

一些当地的居民认为这些财政鼓励政策是不公平的，他们没有看到能为小镇带来经济增长的经济活动、新的工作机会和其他改善机会等这样长期的利益。然而在 2002 年，当美国的农场信托基金调查了近 100 个小镇和乡村 15 年来的服务成本时，发现当地的单位税收成本用于工业的为 0.27 美元。相比较之下，用于居民的服务成本却达 1.16 美元。在我的家乡伊利诺伊州的埃芬汉，一个新企业可以获得 10 年减收财产税的优惠。如果你有一个 500 万美元的新工厂，正常的话每年的财产税为 11.2 万美元。在服务成本和税收中扣除 3% 的通货膨胀率以后，小镇在头 10 年的减税优惠中是亏损的，但在第 14 年就弥补了亏损，而且 50 年以后净利润达 800 万美元。当考虑到小镇增加的新工作机会时，你可能在前几年就看到盈利了。

甜蜜的企业

伊利诺斯州鲁宾逊的希思（Heath）家族在 1914 年开办了希思兄弟糖果店。1928 年研制出"英国太妃糖"的秘方。虽然在经济大萧条时期他们卖了糖果店，但是希思兄弟保留了制糖设备并继续生产希恩的英国太妃糖。

"在 1942 年晚春的一天，来自华盛顿的一个人走进希恩公司并要求见希恩先生"，迪克·希思（Dick Health）在《苦涩的甜蜜：希思糖果公司的故事》（Tales 出版社，1994 年）中回忆道，"军方对糖果作了很多测试，以决定其是否适合供应给军队。这些测试发现除了好吃以外，由于成分纯正，希思糖果棒有相对来说很长的保质期。基于这些测试和需求，军队对于希思糖果棒下了 17.5 万美元的第一份订单。那真是很多的糖果棒啊。"确实比公司每年卖出的糖果棒还要多，但是公司认为可以满足这个要求。

吉斯（Gls）带着希思太妃糖棒的口味回来了，公司的销售量开始猛增。希思家族与鲁宾逊镇分享了它的成功。1969 年和 1970 年，鲁宾逊镇成为举办职业高尔夫联赛的最小的城镇。1989 年希思家族把公司卖给芬兰的 Leaf 公司。Leaf 公司在鲁宾逊扩大了公司规模并又雇用了 300 名工人。1997 年，鲁宾逊工厂成为希思糖果公司的一个附属公司。但是，毫无疑问希思家族给鲁宾逊的居民带来了巨大的影响。

许多人和小镇认识不到的是安于现状也会有风险。虽然很安逸，但是安于现状也会带来封闭和衰退。当某企业失败或是衰败了，而你的小镇却仍然把这些企业当作就业和收入的主要来源时，你的麻烦就来了。在这点上，安于现状带来了更大的风险。另一方面，经过深思熟虑后再冒风险可以使维持生存和繁荣兴旺的小镇明显区别开来。

看准冒风险的时机像鼓足勇气去干事情一样重要。其中一个时机就出现在前途不是很明朗并且你看到天空有乌云时。你的动机是躲过风暴和危险。第二个时机就是天空很晴朗但你看见了一个更好的机遇。例如，你现在的企业正在盈利并运转正常，但你看到了一个扩张和更大的盈利机会。从一个小城镇的视角来看，你的经济很好,但是你看到了一个通过增加新的很有前途的企业来使你的经济基础更坚实的好机会。

根据对风险的态度,小镇可以分为3种类型。一种是从来没有冒过险,忽略了目前形势的研究(长远会失败)。一种则是当万不得已时才会冒险——当他们认识到不这么做肯定会失败。最后一种则是在一切都顺利的时候就开始冒风险,因为他们对未来有远见并有企业家的眼光。这种类型的小镇把命运掌握在自己手中,最后多半会处于上风。

在权衡利弊后做出冒风险的决定会更容易些。把希望得到的所有结果和利益与随之而来的成本和风险做一下比较。例如,如果你的小镇的主要收入来源是纺织业,而小镇最主要的两个公司不是在大量解雇员工就是在考虑重新选址,你就要想别的办法来振兴经济和你的小镇。看看你的优势——你的劳动力、区位和其他产业——并思考哪个最可能复兴经济。在冒风险时一定要考虑自己的优势。把风险降到最低程度并找到把小镇的优势更好地发挥出来的办法。

当你跨入新的领域时,请保持平衡和控制,换句话说,不要把你所有的鸡蛋都放到一个篮子里。一旦你的事业失败,你不会一无所有,所以可能的话先做试验。小心地前进并在情况变化时对计划进行重新修改。冒险并不意味着盲目去做某件事或任意做事;你必须不仅在冒险之前还要在冒险之时考虑自己所面临的风险。

从失败中学习。W·E·希克森(W. E. Hickson)写下了这样一段著名的话,"你必须吸取教训,不断地尝试。如果一开始你没有成功,就请再次尝试。"

美国发明家托马斯·爱迪生(Thomas Edison)把希克森的话铭记在心。1879年,在花40000美元(相当于现在的70万美元)做了1200次试验以后,他成功地用从棉线中提取的碳化纤维发明了电灯。

1200次试验!你能想像在一件事情上失败1200多次以后又无所谓地摇摇脑袋咧嘴笑笑,然后接着再试验几次吗?爱迪生显然并不惧怕失败。他最后的成功不仅仅得益于天赋更得益于他的持之以恒以及从前面的尝试中吸取的教训。

科罗拉多州杜兰戈(Durango):换一种方式思考

形成于19世纪80年代的科罗拉多州的杜兰戈,最初是一个铁路和矿业城镇,它经历了20世纪后期的高速发展,利用在San Joan山脉南部边缘的地理位置优势提供滑雪运动并经营着一条杜兰戈和锡尔弗顿(Silverton)之间的历史上著名的窄轨铁路。小镇全年举办一系列的赛事和庆典,吸引游客们到它主要的文化古迹区旅游。

"我们也很难定义自己。一些人叫我们旅游镇,但我们其实是一个工作着的小镇。"

> 杜兰戈商会主席博比·利德（Bobby Lied）如是说。"我们不仅是一个人们都喜欢来观光的美丽的小镇，而且还是一个拥有制造业基础、商业区、农业和石油、天然气的小镇。其实我们是科罗拉多州最大的天然气生产者。"
>
> 旅游业给杜兰戈带来了24%的就业机会，但是天然气却为小镇带来了60%的财产税收入。许多人因为小镇的生活质量而迁移到这里。毫无疑问，杜兰戈利用它的自然资源优势——然而许多和它类似的小镇却没有利用好自身的优势，因为它们害怕改变。

失败并不是终点。失败只是学习过程的一部分。它通过不断锤炼你的思想，使你的知识增加，使你对整体、一个领域或一种事业的理解能力增强。真正的失败是放弃。

辨别要改革的信号。考虑一下过去10年在计算机和其他科技领域所发生的翻天覆地的变化。公司仍然使用落后于时代的技术就限制了它们的效率和经营能力。

相同的事情可以发生在小镇上。小镇上的企业就如同每天跟你握手的那些人一样。在这些小镇中关系和历史被赋予了完全不同的更私人化的色彩。这会使改变的决策更复杂——即使这些决策是理智的而且完全是为了小镇的利益。因此，你会看到一些小镇陷入过去的泥潭中，不能引进新的产业或改善自己的企业，因为它们正在步其父辈和祖父辈的后尘。它们不能和过去决裂，从而迈向更美好的未来。

把变革视为小城镇健康发展的一部分的那些小城镇会站在更高的高度上，保持繁荣或者踏上振兴的道路。改革正是使你在那条路上迈向成功或复兴的推动力量。

未雨绸缪而不是被动应付。你的小城镇经常发洪水是因为它在一条河流旁边。听说一场暴雨即将来临，你用沙袋封堵你的房子并把地下室所有可能被大水毁坏的东西用砖垒起来。同时你的邻居什么也没有做。以前也预报过大雨，但是从来没下过，邻居这次也不信天气预报。

当暴雨来临之际，街道洪水泛滥。半英寸的水侵入你的地下室，但它碰不到你的东西，因为你在外面砌了砖。但是你的邻居的地下室里有6英寸的水，好多东西被冲坏了。当他憎恨地看着满地的水时，他知道了后果，同时也知道了还有许多等待着他做的清洁工作。

未雨绸缪——在暴雨来临之前做好准备——很明显是一个明智的决定。未雨绸缪有很多好处，有些是非常实际的，也有些是心理上的。未雨绸缪：

● 使你可以对目前的情形做一些事情而不是等待事情的发生和结果的来临。这会给你一种掌控的感觉（或者至少帮助你感觉到你可以影响的结果）。

- 使你摆脱等待和彷徨带来的身体上的紧张和精神上的焦虑。你会体会到一种轻松的有活力的感觉。
- 给你前进的动力。这种动力经常是一个成功的企业家和那些梦想成为一个成功的企业家的区别。
- 给你一个犯错误的机会。你还有时间恢复和调整，如果在被动的时候犯错误的话，你就会白白失去一个好机会。经常地，你会发现自己站在8个保龄球前，你要把它们都打中——这意味着如果要想一下子办成所有的事情，你会感到更大的压力。
- 对你自己和你的行为感觉良好。人们通常在做一件事情时的感觉比想着做事情并担心事情是否成功时的感觉要好得多。
- 减少你对失败和对未知事物的恐惧感。你意识到你的行动即使并不完美，也至少比不行动要好。因为你知道自己有时间恢复和调整，你对失败的恐惧会减少或消失。
- 让你提前出发，你会比那些临场发挥的人能走得更远。
- 鼓励你去尝试从而获得更多。当你未雨绸缪时，你就不会保守和被动。

未雨绸缪是关乎态度和前景的。不要鲁莽地闯入一个新的领域，不要尝试你的专业技能以外的东西，或者在不经过周密计划和思考的情况下就去干一件不熟悉的事情。取而代之的是，采取一种未雨绸缪的态度，就是融合了行动之前的准备和策划行动的智慧的态度。这不仅仅是提前行动，而是在适当的时机以一种恰当的方式来行动。

在适当的时机采取行动需要先见之明、智慧和勇气。许多人可能有先见之明，知道需要做些改变，但是缺乏策划最佳行动方案的智慧，也没有实施这个方案的勇气。当把先见之明、智慧和勇气这三种元素融合在一起后，你就拥有了未雨绸缪的要素，从而可以使你和你的小镇提前开始游戏了。

第 8 章

秘诀之六：保持地方控制

在一个小城镇里，你没有很烦琐的政府工作，政府的工作渠道也比较机动灵活。而且与大城市相比，大部分城镇里的人通常更为积极地参与城镇的活动。因为他们知道自己可以有所作为。这种参与和控制感可以使许多小城镇更具吸引力，并且更加繁荣。

控制的另一方面包括本地的所有权。在一个城镇里，你经常会发现镇上的人拥有自己的金融机构、报纸、零售业、制造业和服务业。在这些领域有本地所有权的城镇比那些没有所有权的城镇有更大的发展壮大的机会。

问一问伊利诺伊州马顿的居民，这里是联合电信所在地（原来叫马顿电话公司），1894 年由艾弗森·A·兰普金（Iverson A. Lumpkin）创建。这个家族企业已经发展成为美国最大的非贝尔电话公司之一。创建者的曾孙——理查德·A·兰普金［Richard A.（Dick）］在读完哈佛的 MBA 后返回了马顿，并把公司从一个毫无活力的偏僻的电话公司变成了一个包括传真、光纤网、移动电话、海底电报和其他相关活动在内的综合性大公司。1998 年，公司被 McLeodUSA 吞并了。

不幸得是，McLeodUSA 膨胀得太快了，在 2001 年电信危机中倒闭。迪克·伦普金和两个私人股票基金合伙又买回了为偿还债务而被 McLeodUSA 卖掉的联合电信。当于 2002 年 7 月宣布公司又重新回到兰普金的领导下时，700 多名联合电信的本地雇员长长松了口气。

像迪克·兰普金（和他的父辈们）这样的人对一个城镇和整个地区的影响是很难估量的。他把时间和金钱花在了从举办特殊奥运会到建立东部伊利诺伊大学兰普金商学院的活动中。他还为自己的家乡建立了经济发展组织，并且在其他的小镇项目和发展规划中表现得非常积极。

像兰普金这样的当地人非常关注他们的居所，因此会自觉地以小镇的长期和短期利益为出发点做决策，尽管小城镇的人也会犯错误，但如果保持地方控制的话，他们完全有改正的能力而不需要外界的帮助。拥有地方所有权的城镇的命运掌握在它们自己手中。

先看看个人的控制力。假如你在一个公司工作，这个公司有很多仅仅用来管理员工的规则和条例（也许是刻意的）。公司的董事长住在距离 3 个州远的地方，而且不经常来工厂视察。工人们在工作环境的建立和保持方面没有发言权。设备因经常损坏而影响了生产。然而如果提出设备是由于管理而损坏的话，你就会被冠上"麻烦制造者"的罪名。你很快意识到自己对工作环境没有控制力,因此会变得毫无动力、愤世嫉俗、沮丧甚至绝望,或者将以上四种情绪融合在一起。

现在想象一下你为另一个制造商工作。公司的董事长住在镇上,只有为了员工利益和安全的少数规章制度,雇员们在工厂运营和设备保养方面有发言权。当设备坏了,管理层会迅速反应并且及时听取员工在如何改进工作环境和提高生产率方面的反馈意见。毫无疑问,生产和利润是重要的,但是管理层与工人的团队合作以及对员工的真诚关怀也是非常重要的。你确实对这个工厂有发言权,确实可以控制你的工作。在这种情况下,你对自己的未来会更加积极和乐观,因为你可以掌控自己的工作环境。当问题发生时,你知道你确实可以去做一些事情来解决问题。

一些重要的部门

本地所有权在两个领域——金融机构和报纸——可以极大地帮助一个城镇的发展。

印第安那州的特尔城(Tell City)在经济复苏中,多亏了当地银行拿出 500 万美元无担保贷款帮助修建了一条延伸到小镇的铁路(见第三章)。具有讽刺意味的是,许多曾经参与提供贷款的银行从那以后便被大银行吞并了,并不再为当地所有(事实上,根据 FDIC 的生活水平和收入报告,小镇银行的数量从 1980 年的 12366 家减少到 1990 年的 10180 家并进而减少到 2002 年的 6936 家)。一些当地官员开始担心外面的银行会不会大老远跑来给他们贷款。

他们有理由担心。被大银行拥有的一家小镇银行在对本地项目提供贷款的问题上几乎是没有发言权的。对大银行来说,与全世界各个国家的大公司相比,小镇就显得微不足道了。这些大银行里的管理层可能会出于好意,但大体上他们的指令还是更在意那些大城市、大公司和大钱。

埃芬汉的铁路:证明专家是错的

现在没有人再修建铁路了。还是在 20 世纪 90 年代后期,我决定在家乡伊利诺伊州埃芬汉修建一条新的铁路。查利·巴伦方杰(Charlie Barenfanger)曾经经营了一条短线铁路,他和我一致认为,凭着在铁路企业打下的基础,我们可以给公司提供一项有竞争力的优惠,就是允许新工厂建在铁路沿线。因为我们的铁路可以到达 CSX 和 IC 公司,并且可以靠这两条铁路做生意,所以我们接触了他们的经济开发部门。

但这两家公司对我们都没有帮助。事实上，IC 经济开发部门的负责人还非常不友好。他说我们花 100 万美元去建铁路简直是疯了，如果我们每年能运送 200 个车厢就很幸运了。直到今天，他的话还回荡在我的脑海中："你知道，小子，如果一个新的行业想要进入埃芬汉，IC 会帮助它进入！"当我指出 IC 30 多年来都没有引进一个新行业时，他回答说："你也不可能做到。"

四年内，我们已经通过吸引像 Krispy Kreme 这样的全国生产和分销中心的项目创造了好几百个高薪职位。到 2003 年，我们已经运营了"铁路专家"所预测的最好结果的 10 倍数量的车厢，并且还发展了一个利润很大的附属企业。如果我们听了 IC 员工的话，不继续向前推进，做那些我们认为对小镇有意义的事情的话，那数百个工作机会仍然是一场梦。

另一方面，当地银行家可以找时间在小镇的咖啡馆里和当地企业家谈论投资的事。当地人和小镇本身都可以从这些投资中得到好处。所有人都同属是一个利益共同体。一个有自己的金融机构的小镇为了给今后的小镇发展提供支持，也必须扩大银行的规模。实际上，这些银行是把钱放在自己的腰包里。

通常阻碍小镇发展的因素并不是缺乏眼光或者领导，而是缺少资金。这笔资金通过当地拥有的银行筹得会更容易。当然，你必须提供一个有关资金运用的有力的详细计划，并且说明值得小镇投资的原因。当你做到这些时，你就会得到当地银行家的支持，因为他们也同样希望小镇能繁荣。

以 ABC Bancorp 为例。总部设在佐治亚 Mountine 的 ABC Bancorp 拥有 12 亿美元的资产和 34 个分布在佐治亚、亚拉巴马和佛罗里达州的子公司。"我们的经济开发部得到消息说 Farmland National Beef 正在寻找一个为沃尔玛加工肉类的工厂。我们的城镇、州和经济发展部都对他们来我们镇开发项目表示了极大的兴趣。"ABC Bancorp 总裁杰克·亨尼卡特（Jack Hunnicutt）说，"当公司又重新回来开发这个项目时，我被任命为总裁。很有趣的是每件事情最后都能归结到钱上。我们需要工作、钱和贷款，而所有这一切都离不开钱。在会上，为了让他们来镇上，我们承诺了几百万美元的贷款。在那天结束时，我们签订了协议。"

"成为本地企业的好处是我们当时可以做出决定，"亨尼卡特继续说。"有大银行做后盾，你就有时间周旋在不同的管理层和委员会中。"肉类加工厂现在雇用了 350 个人。

同银行一样，报纸在小镇发展中也起了很重要的作用。它们以一种长远的眼光告诉读者所包含的机会和风险，就小镇的成长和发展展开讨论，支持小镇发展并给予财政上的支持。国有报纸和当地报纸不同的是它们没有对小镇的感情因素，也不会对小镇进行投资。

俄勒冈州的阿斯托里亚（Astoria）：多亏了银行

阿斯托里亚在俄勒冈州西北部哥伦比亚河的入口处，对本地控制深有感触。福雷斯特（Forrester）家族从1914年就拥有了《阿斯托里亚日报》。为当地所有的Gimre's鞋店、Home面包店和Knutsen保险公司都已有长达80多年的历史了。

阿斯托里亚工厂在小镇也有悠久的历史。工厂建立于19世纪70年代，1989年关闭并留下了工业污染，贻害后人长达几十年。美国小企业局（SBA）是工厂的主要债权人，控制并拍卖了机器、厂房和其他部分；小镇控制了它认为没被污染的财产，并予以免税待遇。

"SBA估计的清算价格为100万~200万美元，但实际财产只值80万美元。它们认为它污染太严重了，以至于都不愿意去碰一下。"清算期间的阿斯托里亚小镇发展负责人保罗·贝努瓦（Paul Benoit）说："该厂成了小镇的垃圾而且它还处在小镇的中央！小镇把小河的源头视为已有。"这儿没有"其他人的后院"，在一个偏远的小镇，它是每个人的前院。

市镇官员不仅要清理旧厂，而且还想通过吸引开发商来对它进行重建。"我们对未来的打算得到了小镇的广泛支持，"Benoit回忆道，"就是要重振小镇的打算。与其消极应对，不如做些有创造性的事。"

史蒂芬·福雷斯特（Stephen Forresoer）——《阿斯托里亚日报》的出版商对此表示赞同。"我们（报纸）负责清理项目。我们看到它对小镇的长期收益的重要性。建设好小镇是我们的目标。"《阿斯托里亚日报》描述了在阿斯托里亚工厂项目建设过程中的许多故事，以便让小镇居民及时得知它一路走来的经历。

阿斯托里亚和俄勒冈州环境质量部门（ODEQ）达成一致，如果城市承担50%的清洁费用，那么它也就会认可环境的清洁性。这意味着城镇用低于1万美元的费用达到了花费70万美元才会获得的结果。

贝努瓦发现外地拥有的银行在帮助阿斯托里亚上没什么兴趣。但是两个当地的机构——Shorebank企业和阿斯托里亚银行在不到1周的时间里就同意伸出援助之手。一旦治理完毕，工厂就被卖给一个开发混合项目的集团，它拥有200个子公司和一个母公司。

如今当地拥有的报纸比20世纪任何时候都要少。根据《Death Tax News letter》——一份由《西雅图时报》发行的供家庭拥有的报纸统计，1910年美国拥有2100家各自独立的报纸。70年之后，骤降到700家。到2003年，已经降到300家以下。虽然数量很少，但这些当地独立的报纸都有一个为它们的小镇服务的心声，而这恰恰是大的联合报业所不具备的。

以亚拉巴马州的《迪凯特日报》及其编辑和出版商从1924~1984年所起的作用为例，巴雷特·C·谢尔顿（Barrett C. Shelton）在20世纪40年代后期试图振兴北亚拉巴马地区的经济,他最终在长期坚持不懈的努力下实现了这个目标。

20世纪40年代北亚拉巴马不仅是该州而且是整个国家最穷的地区之一。事实上,该州所有的工业发展都来自于亚拉巴马动力;因为公司不为北阿拉巴马地区服务,所以它没有什么动力促进这个地区的经济发展。1949年,该州总体上每一个县的平均工业就业人口是北亚拉巴马地区的两倍。

汤姆·约翰逊(Tom Johnson)曾创建了亚拉巴马动力的新工业部门。巴雷特·谢尔顿和当地事业供应公司的经理昆斯·埃丁斯(Quince Eddens)提议任命他领导北亚拉巴马经济开发集团。约翰逊同意了,条件是给他30000美元的年度预算。埃丁斯说:"巴雷特和我跟公司事业局协商并建议他们补贴15000美元。接着我们又去拜访了亨茨维尔(Huntsville)并从它们的公司事业局获得了另外1.5万美元的补贴。哦,上帝保佑!亨茨维尔说它们会帮助我们。所以我们雇用了汤姆,并给了他满意的薪水,让他在认为合适的时候使用余下的钱。"

谢尔顿通过他的报纸孜孜不倦地倡导区域合作的思想,反对小城镇之间勾心斗角争夺工作机会。其他的城镇最终也加入了亨茨维尔和迪凯特,使现在集团每年的预算上升到了50万美元。在这些努力下,公司都涌往北亚拉巴马。北亚拉巴马工业发展联盟的12个县现在比该州其他县多出70%的工作机会。仅仅在10年的时间里,伴随着80亿美元的总投资,产生了73899个新工作岗位[这个区域的乡村都市包括富兰克林县的拉赛尔维尔(Russellville)、温斯顿县的达布尔斯普林斯(Double Springs)、杰克逊县的斯科茨伯勒(Scottsboro)、卡尔曼县的卡尔曼和迪卡尔布县的佩恩堡]。

像《迪凯特日报》这样的报纸一旦与当地建立联系,更可能去引领舆论潮流。国有报纸的主要兴趣则是卖出更多的报纸和更多的广告。另一方面,当地的出版商和编辑更多看到的是城镇的"灵魂",有更长远的眼光,通常采取一种更加积极的方式。

当地的所有权在城镇的零售、制造和服务部门也非常重要。这些部门提供企业发展所需的能量,是创造城镇未来的主力军。本地所有的银行和报纸以及其他部门更愿意为城镇的发展投资,并且更关心城镇长期的利益。

伊利诺伊州的帕里斯(Paris):一座灯塔

伊利诺伊州的詹尼森灯塔出版公司出版发行了《詹尼森灯塔新闻》,这家报纸从1848年的周报发展成为1898年的日报。自从1926年被詹尼森(Jenison)家族拥有和管理后,报社就获得了无数的奖项,包括2002年度密西西比瓦利(Valley)家族企业对城镇有积极影响的杰出工业奖。

> 詹尼森家族多年来在许多小城镇项目上都表现得很积极。埃德·詹尼森（Ed Jenison）为这个报社奋斗了 54 年直到 1996 年去世，他曾当了三届的美国国会议员。他的儿子爱德华（Ned）于 1959 年加入了公司，以爱德华的儿子凯文（Kevin）为代表的下一代于 1978 年继续掌管公司。如今，吉尼逊家族中 4 个人是公司的管理人员，6 个人拥有公司的股票。
>
> 当地的第一银行和信托公司的总裁戴夫·沙利文（Dave Sullivan）评价了爱德华对小镇的贡献："爱德华在我们本地的经济发展委员会工作已经很长一段时间了。我都无法计算爱德华写了多少关于小镇经济发展活动和政府工作的热情洋溢的文章和评论。
>
> 凯文·詹尼森说："我们并没有把自己看作是 Paris 的领导者，但是我们确实试图把所居住的地方变得更加美好。在许多方面，我们代表了群众或者政府的呼声，并把最真实的信息传达给大家。我们参与了许多可以把我们居住的地方变得更美的项目。"例如，家族曾经帮助修葺城市的公园，现在正为提高当地的水质修建一家污水处理厂。

那并不意味着在小城镇上有连锁商店不好；它们可以提供稳定的工作机会，繁荣经济。事实上，这些连锁店可以吸引周围城镇的生意并使你的城镇成为五金器具和打折零售商品的购买地。在许多小城镇，全国连锁店是小城镇就业的主要来源。但是，来自当地制造商和零售商的支持和投入比来自全国连锁企业的要多。全国连锁的企业有自己的目标和打算，虽然不一定与小城镇的目标对抗，但也没必要跟着小城镇的脚步走。

第9章

秘诀之七：建立你的品牌

几乎所有的东西都有一个牌子，无论是好的还是坏的，有效的还是无效的。品牌经常压缩成一句口号："想做就做。这可是真家伙。冠军的早餐。"你可以从口号中识别出像耐克、可口可乐和麦片等产品。这些产品都是知名品牌。它们的形象对大多数人来说是与众不同的。这就是一个品牌所说明的：一种使你的产品、公司或者个人与众不同的手段。它是有关产品、企业或者个人的独特的信息。它暗含着某种东西；你会期望每一次都能从那些产品、企业或者个人身上得到同样的东西。想像一下你去一家杂货店购物，每次总是买同一种牌子的烤肉沙司、调味番茄酱和麦片，因为你已经习惯了这个牌子并且喜欢这种味道和品质。当你去买牛仔裤、衬衫、外套或者鞋子时，你是否会因为质量和舒服的关系一而再再而三地寻找同样的牌子？当你想买一辆车时，你是否会选择与众不同的汽车生产厂商（或者是汽车销售商）？

一个好的品牌可以帮助你区分它和其他品牌，并且知道它所代表的东西。对于一个有效和精确的牌子来说，以上特点是必需的。无论你是在加利福尼亚州南部，还是在迈阿密州北部或伊利诺伊州西部买麦当劳的芝士汉堡，它的味道都是一样的。每辆梅赛德斯-奔驰都代表了畅通无阻、优雅和高品质。乐步鞋代表了持久、结实和舒服。

品牌效应能为公司、产品和人们带来好处，同样也可以为城镇带来好处。通过它的面貌和它所能提供的东西，一个城镇能在区域、州甚至全国都具有良好的口碑。品牌就是小镇的名片——它可以出现在地图上并让全世界看到它。

如果你位居一个几百英里范围之内人烟都很稀少的地方，最好能发展一些与众不同的东西。1898年，Mackinac岛上的人们恰恰是这么做的，当时他们决定不允许任何机动车辆出现在岛上。那时候，岛上的居民可能没有想过为它们的小镇建立一个品牌，但是他们的确做到了。现在Mackinac岛把自己标榜为"全天然"的美国主题公园。这个岛的80%是国家公园，20%是维多利亚村。该岛美丽的自然景观、悠闲的节奏以及没有机动车辆的污染（虽然有不少马车），都是吸引游客的魅力之所在。事实上，该岛每年的游客超过了100万人，而常驻居民只有500人。

传递你的城镇的信息

大城市都有品牌。想想看纽约、芝加哥、华盛顿、洛杉矶、拉斯韦加斯、旧金山、明尼阿波利斯。每个城市都有不同的形象，反映了不同的实力、文化和热情。

小城镇也是如此。密苏里州的布兰森有它自己的品牌。华盛顿州的莱文沃思也是一样。密歇根州的Mackinac岛以其维多利亚的魅力和没有机动车辆而著称。此外还有亚利桑那州的汤姆斯通（Tombstone），它以每天在舞台上重现当年O.K.牧场枪战场面的方式纪念那段历史而闻名于世。但是这些城镇的目标并不是塑造品牌，而是开创未来。

但如果是那样的话，为什么还要为塑造品牌而手忙脚乱呢？如果你不必为塑造品牌而努力的话，那么为什么还去关注它们呢？的确，你不必一开始就努力塑造品牌。但是一旦你的城镇的品牌形成了，就要培养那个品牌，把品牌效应发扬光大，反复提炼并确保外界可以领会你传达的信息。可能你会很奇怪你的城镇会有什么样的信息。但是这个信息确实存在——不管是有意策划的还是无意的。当人们每次去你的城镇旅游时，他们就会接受到城镇传达出来的信息，而这些信息对你的市民来讲都是司空见惯的。

许多年以前，一家全国连锁的酒店准备在伊利诺伊州中西部的一个城镇建一个分店，但是在最后一刻酒店的主管人员改变了主意。为什么？因为从飞机场到市区的路上经过一个破落的居民区和一个特别荒凉的工业区。虽然这不能代表整个城镇的真实形象，但却给酒店主管造成了不好的印象，他们认为这个贫穷落后的城镇不适合开酒店。酒店主管者们说："还是算了吧，谢谢。"并且原路返回，再也不来这个城镇了。

这是对小镇的一个合理评价吗？显然不是。那只是第一印象，但很不幸它却是一个错误的和不准确的印象。尽管没有充分的证据，酒店的主管人员们还是认为他们的匆匆一瞥就足以说明这个城镇不利于今后酒店的发展。

与之相反的是《华尔街日报》的经历，它看中了伊利诺伊州的海兰（Highland）。城镇的经济发展委员会主席为公司高层安排了一个非常精彩的参观游程，完美展示了城镇的特色。结果呢？当然是《华尔街日报》选择了海兰镇作为它的中西部版的新印刷厂厂址。

作为游客，当他们走进你的城镇时的第一印象是什么？他们走进小镇时看到了什么？是欣欣向荣还是衰退没落的征兆？居民区是否干净整齐、热情好客？商业区、工业园和穿过小镇的主要道路给人留下的印象是什么？

想像一下驾车穿过其他小镇的情况。你开车经过时已经得到了有关每个小镇的基本印象，不是吗？小镇的店面和街道、公园和房子、自然风光和土地，所有的一切仿佛都在轻声诉说着一些有关小镇的信息。当你遇到旅馆、商店和办公室人员的时候，这些信息被放大了。一些小镇对游客是开放和热情好客的，另外一些虽然能容纳游客，但是在延长他们的旅游时间或者迫使他们移至该镇方面做得太少。还有一些小镇是开放的，随时欢迎游客来玩，但它们却不能满足游客的要求。这就是上述伊利诺伊州小镇失去开酒店机会的情形。

为了有效传递所在城镇的信息，你不必组成一个工作到很晚才想出时髦标语或者那些华而不实的市场营销活动的品牌委员会。你必须使人们看到你的城镇的实力、能力和它能提供什么或者暗含着什么。事实上，建立一个小镇的品牌并有效传达信息的最好办法是形成对城镇的远见，据此建立目标，再进一步实现这个目标。换句话说就是做你最擅长做的。

如果你坚持不懈地达到目标，在这个过程中你的品牌就形成了。你生产的东西或者你的城镇属于何种类型就会广为人知了。那些来城镇的人也会很清楚地了解到城镇的实力和优势。品牌并不是在与城镇其他东西截然分开的情况下产生的，而是在你实现目标、坚持始终如一以及了解自己的实力和优势并充分利用它们的过程中产生的。

信守承诺

品牌的价值并非基于产品质量。虽然质量对于一个产品的成功来说非常重要，但是其真正的价值还在于在它想传达某种信息时的传达能力。

如果你买了一瓶汰渍洗衣液，但却没法洗掉衣服上的污渍，或者你买了一听麦克斯威尔的家庭装咖啡，但它却没能达到"最后一滴都那么好喝"的标准，或者假设你买了一辆雪弗莱的 S-10 卡车，而它并非所说的"像石头一样坚硬"，却像柠檬，这时你会怎么想？你以后可能会转而选择另一种洗衣液，别的牌子的咖啡和卡车。有一个古老的谚语说："如果你做了一件好事，人们会告诉一个人；如果你做了一件坏事，人们会告诉20个人。"

对一个城镇来说也是如此。如果某人到一个城镇旅游，他享受的服务质量很差，并且遇到有些人很不友好，这名游客很有可能再也不会去了，或者他把自己的遭遇告诉朋友和邻居（而且如果这名游客是个旅行作家，这个城镇就真的遇到麻烦了）。如果一个大学城为一次学术会议提供了糟糕的食宿和服务，那么今后这里就不会再有学术会议了。如果一个工业城镇的制造商发货总是晚点，那么客户可能就不会跟他们做生意。在这些例子中，城镇的品牌就被破坏了，因为它没有做到它承诺要做或者被期望要做的。当一个城镇不信守承诺的话，它就损坏了声誉，削弱了潜在价值。

如果一个城镇信守了承诺并做到广告中所说的那样，它就稳固了声誉并坚守住了品牌。它就可以使人们坚信他们的看法是正确的：这是一个了不起的大学城、一个极好的旅游城或者疗养城。当一个城镇总是能不负众望，它就会扩大知名度，并且在发展品牌方面处于有利地位。

不同的城镇，不同的方向

丹维尔（Danville）和迪凯特是伊利诺伊州的两个城镇，最近几年它们一直都在同自己的坏名声作斗争。两个都是蓝领制造业的"生锈地带"，从20世纪80年代末到90年代初在经济和改善形象方面一直都在努力奋斗。

丹维尔采用了一个动态的当地经济发展计划，推出一个积极进取的形象并策划了一个"砖头到芯片"的形象活动。砖头代表城镇古老历史的一部分，而芯片正如在计算机技术中一样，代表了一种新的发展方向。这就是近期丹维尔大步迈进高科技领域的指向标：

- 美铝已经在丹维尔建立了一个总产值达3亿美元的工厂，并创造了200个为航天和汽车工业生产铝合金的新的就业岗位。
- Systrand Presta Engines System通过投资2000万美元（其中包括8万in^2的厂房）为丹维尔创造了50个新的工作岗位。这家生产可以立即安装凸轮轴的公司是由德国和美国合资的。
- 欧文斯-康宁（Owens-Corning）和IKO公司联合成立了Fiberteq公司，LLC，它是生产屋顶工业所需要的玻璃纤维的。5000万美元的联合资产为丹维尔镇的居民带来了70个新的工作岗位。

与丹维尔的形象相反，迪凯特由于20世纪90年代早期三大生产商一连串的罢工事件而变得全国闻名。经济发展部门的不断更替，镇议会的明争暗斗以及无法树立一个积极的形象，都使得迪凯特镇的经济发展面临着更大的因难。尽管具备有技能和天赋的劳动力，许多行政主管人员还是把迪凯特镇和严重的劳动力问题联系起来。结果是，几乎没有什么新的工业愿意再去这个麻烦不断的小镇了。

发展你的品牌

"发展你的品牌"意味着使你被更多的人和企业知道。发展你的品牌和经济基础多样化之间是有区别的。起初，这两个概念并不一致。

当经济基础多样化时，你不只是一个有多样化才能、趣味和背景的城镇，而且也会防止因一个产业衰亡而使得整个城镇衰败。若那个产业在城镇中是唯一的，你将陷入麻烦。如果你的基础多样化，那么即使该产业出现麻烦，你的经济也会保持健康发展。一个多样化的经济才是健康的经济。

然而当发展品牌的时候，最好是要注意核心的力量——增加深度而非广度。增加广度是在品牌、客户上多样化。增加深度是巩固该品牌，使客户深信你是该品牌的专家，你的品牌代表了高质量的服务和产品，你是那些服务和产品的生产者。

多样化经济基础和强化品牌的城镇是明智的。不同的人对一个城镇有不同的看法。例如当人们开始考虑亚利桑那州的谢拉维斯塔（Sierra Vista）时，他们会认为那是一个适合退休之后生活的地方。比斯比（Bisbee），一个邻近的小镇已经发展成了艺术家的圣地；它的市中心直到20世纪初都具有很强的吸引力，在1908年一场火灾之后又重建了。这不意味着比斯比就是惟一的艺术家的天堂或者是惟一的与艺术产业有关的城镇。这个城镇始于一个矿业小镇并仍然经营着矿业，并且矿业还给当地居民提供了很多工作。

同样的，艾奥瓦州的艾奥瓦城是艾奥瓦大学的所在地，是一个知名的大学城。当它的生计源于大学，它的品牌就是独特的学术，但艾奥瓦城也包括各种与大学不相关的工业和商业。

发展你的品牌并不意味着不需要发展你的经济。一个坚实的经济基础既是健康的也是想要的，与加强你的品牌效应并不矛盾。两种努力可以相互补充。一方面扩大经济基础，另一方面发展品牌的城镇才能取得最大的繁荣。

西北卡罗来纳：重新评估它的价值

在20世纪90年代早期，西北卡罗来纳努力使用新的方法发展新产业。在考察了本地的优势后，各个城镇的领导者都认为这里有手工艺人们"看不见的产业"，虽然他们已经在商店、工作室和画廊中创作了，它们许多都位于蓝岭山脊（Blue Ridge Mountains）的路边。

"美国手工制造"的创意使得这个区域独特的手工艺广为人知，它对地区的经济贡献达到了每年1.2亿美元（是原来的旧烟草工业收益的4倍）。新修建的几条道路使观光者可以参观500多处景点，包括200个手工艺工作室。北卡罗来纳州的海兰兹（Highlands）、墨菲（Murphy）、席尔瓦（Sylva）、哥伦布、布里瓦德（Brevard）和布恩（Boone）都是在区域创新中发展起来的乡村都市。

建立长期的品牌

就像你不想通过仅仅拓展品牌来迷惑顾客——为太多的人做太多的事——你不想通过声称你的城镇今年是这种类型而来年又是另一类型来迷惑他们。如果你的优势在制造业上，或者在医疗设备上或者在技术公司上，那么就让它们变得知名。如果你的优势在自然资源上，适合于退休人士或者学术机构，那么就要传递这种信息。你的多样化值得祝贺，但同时要加强你的品牌。

根据你的远见建立你的品牌，并且要在很长时间里建立起你的品牌。拿一些成功的企业为例，例如麦当劳、迪斯尼和柯达，它们都已建立了很好的品牌，而这些品牌显而易见向顾客反映了它们自身的价值。成功的企业常常使它们的商业和产品多样化，但是它们都有一个能够传递它们价值的、与众不同的品牌。成功的城镇也都如此。

品牌不会瞬间形成。它们慢慢地形成，而且常常来自于一些很凌乱的想法，这些想法都是很好的。同样，品牌应当是在人们信赖某种东西——飞速变化中的世界精品的时候才建立起来。一夜成功和奇异的思想，无论它多么好、多么有价值，也都会像流星划过天空一样；一个品牌就像一颗恒星，稳定而持久。

你可以改变品牌吗？是的，但是最好在很有把握的时候才去做，就像华盛顿州莱文沃思的例子，它被迫放弃了一个伐木城镇的品牌。对于莱文沃思来说，改变品牌是最恰当的，因为伐木企业不再为小镇服务了，因此，也不可能再有这样的品牌了。然而，在多数情况下，改变既没有保证也不明智。一个出现衰败的旅游城镇不应该扔掉品牌，而是应该尽力挽回，应该集中精力重振名声。对于外人来说，当他们看到一个城镇改变成与原来不同的模样时，会感到困惑甚至不解。

观光

发展你的城镇品牌的比较实用的方法是通过网络。一个网站可以展示一幅关于你的城镇的优势、远景、资源、机会和态度的精确的图片（既准确又生动）。创建一个视觉上悦人、逻辑上严谨和准确传递信息的网站。确保能够积极地、巧妙地强化你的品牌。

不必担心你城镇的特性不为人知。给浏览者一种感觉，那就是你的城镇是什么样的，考虑用一个口号来传递你的品牌信息。"威斯康星州的怀特沃特（Whitewater）：在威斯康星的后花园享受悠闲"和"西弗吉尼亚州的哈迪县：冒险家的乐园"就是两个很好的例子。

你可以访问一些小镇和县的网站。
- 路易斯安那州的哈蒙德（www.hammond.org）
- 犹他州的圣乔治（St. Gegrge）（www.sgcity.org）
- 亚利桑那州普雷斯科特的商会（www.prescott.org）
- 加利福尼亚州的内化达县（www.mynevadacounty.com）
- 爱达荷州的布莱恩（www.co.blaine.id.us）

可以肯定的是，城镇可以改变，就像人可以改变一样，并且改变本身不是坏事。然而在建立品牌上，要谨慎改变——并且只有当品牌不能很贴切地描述城镇的真实面貌或者不能引导你实现未来预期的目标时。

致力于服务和品质

每个城镇都有能够提供给外人的东西,如地方特产、当地医疗机构提供的服务、近处的沙滩或山脉等吸引人的风景,或者地方大学或高新技术园区的著名学者。就能够对外人提供的东西来说,你的品牌越清晰,就越容易获得商机,你的城镇也就会因此获得越来越多的利益。

服务和品质是任何一个好企业的标志。那些致力于服务和品质的城镇将会蓬勃发展。一个旅游城镇如果在自然资源和环境上拥有高品质,但却在旅馆、吃住、餐厅和商店上提供很差的服务,那么它就比不上在这些方面优于它的邻城。如果一个城镇的厂商只给客户提供好的服务,但产品质量却逊于其竞争对手,那么它同样会失败。

一些城镇培训最先接触游客的雇员——餐厅工作者、前台接待员、商店售货员等——告诉他们品质和服务如何会影响一个城镇的声誉。最糟糕的事情莫过于停留在一个新的城镇的人问:"小镇有什么好玩的?哪里有好餐馆?"听到的回答是"这儿没有什么好玩的!周围也没有什么好餐馆!"

当你致力于城镇能做什么或者可以为别人提供什么,致力于有吸引力的品质或者能够发挥它的优势满足别人的需求时,这就意味着你正在创立和巩固你的品牌。

第 10 章

秘诀之八：利用跷跷板效应

和许多东南部的小城镇一样，北卡罗来纳州的穆尔斯维尔（Mooresville）镇曾依靠纺织业作为主要的就业渠道。20世纪90年代后半期，当这些就业开始转向海外时，穆尔斯维尔得到了重塑。它被誉为全国汽车比赛协会（NASCAR）的汽车间，全国大多数赛车队在非赛季来这里调试赛车，试验新的技术和比赛技巧。

建于2000年的汽车研究中心有同类最先进的空气动力学研究设备——独一无二的跑车模型上的风洞。在穆尔斯维尔有60家多家赛车用品商店，半数以上居民的工作与NASCAR有关。2002年NASCAR在镇上设立了其技术研究所。

在不到10年的时间里，穆尔斯维尔为数众多的纺织厂消失殆尽，然而，该镇的人口却增加了一倍，达到18000人。穆尔斯维尔可以说是展示成功小城镇本质特征的范例：跷跷板效应。这是一种几乎难以确定的因素，可能是8个秘诀中最难刻意运用或获得的。

跷跷板效应可以这样解释：向某个方向的一点儿变化就可能对城镇造成消极或积极的影响。也就是说，一点儿变化就可能变坏为好。这对寻求改变的城镇来说是个好消息。

然而，反之也是成立的：一点儿变化就可以轻易地变好为坏。所以，在小城镇的发展中就存在一种不稳定的平衡。意识到这种不稳定性的城镇更倾向于把重心放在跷跷板积极的一端，维持其努力获取的局面。没有意识到这种转变能力的城镇可能会突然发现，它们悬在空中。

悬在空中

跳伞者喜欢在空中飘浮，旅行者欣赏乘坐飞机出行的方便，寻求刺激者则享受坐过山车或滑翔机时吹在脸上的风。然而，就大多数时候来说，悬在空中可不是什么享受的事。

对小城镇来说，好消息是你能实现改变，但是如果风向转变了，则可能将城镇带向完全不同（负面）的方向。例如，把一个距北卡罗来纳州东南部90英里的小镇罗金厄姆（Rockingham）和穆尔斯维尔做个比较。从1965年以来罗金厄姆就是北卡罗来纳州的赛车跑道之乡，也是于20世纪初关闭的TNS Mills有限公司所在地。由表10.1可以看出罗金厄姆的衰败和穆尔斯维尔的繁荣。

表 10.1　罗金厄姆和穆尔斯维尔比较

	1990		2000	
	人口	就业人数	人口	就业人数
Rockingham	9399	4208	9672	3770
Mooresville	9317	4528	18823	9171

一般来说，21世纪的罗金厄姆会致力于修建一座新的州或联邦监狱——从长远来说这可能不会带来任何好处。事实上，罗金厄姆曾有一座劳教所，到1996年关闭时已有60多年的历史。如果修建监狱的计划成功，会提供短期的建筑工作，监狱建成后会提供长期的看守和服务方面的工作。然而，这些工作不会有什么发展前途。相比来说，制造业和许多服务行业则会随着生产力的提高提供更高的工资和福利。

艾奥瓦州的纳舒厄（Nashua）也是一个没能发挥潜力而成功获得重塑的小镇。这个1600人的小镇，失业率是全州平均失业率3.5%的两倍，经济恶化、房屋空置、工厂倒闭、商店歇业。坐落于美丽的雪松河畔的森林区，纳舒厄这个风景如画的小镇已明显衰落，至今还没有什么如何摆脱困境的计划。

有什么出路呢？著名峡谷里的小布朗教堂就坐落在镇的边上，赞美诗"原始森林里的教堂"就是描述它的美丽。尽管由于别具风格的举行婚礼的教堂远近闻名，纳舒厄却没有凭此优势而获得什么发展。因为缺乏发展计划，它只能坐视镇上的年轻人搬到别的镇去。

马萨诸塞州的北亚当斯（North Adams）本来可能也已陷入了同样的困境，但城镇领导们没有放任让城市继续败落下去。在20世纪50年代，这个忙乱、充满活力的城市可以说是电子时代的硅谷。镇上最大的就业来源是Sprague电子，雇佣了4000人。然而，到20世纪80年代，亚洲的公司开始在电子工业占据主导地位。市长约翰·巴雷特（John Barrett）还记得1986年Sprague电子离开北亚当斯的那天："这个公司的总裁描述北亚当斯是一个衰落、令人沮丧、没有前途的城市。"这可以说是对一些公司打算搬进该镇的坚定的反对。根据1990年的调查，北亚当斯的人均收入在全州排倒数第二。

巴雷特和一小群城镇领导者决定重塑该镇。他们不知道如何吸引新的就业，但他们知道一样东西会发展起来，这就是互联网。

在20世纪90年代，北亚当斯的一个本地人开了一家名为Tripod的公司，帮助人们建立自己的网站。尽管这家当地公司最后被Lycos公司收购，它却引领产生了许多新的高科技类公司。在把北亚当斯称为自己家乡的人中，有一位就是乔治·吉尔德（George Gilder），他是高科技的倡导者，写了很多书，包括准确预测到互联网兴起的书《遥观宇宙》。Sprague 电子以前的厂房变成了世界上最大的现代艺术博物馆——MASS MoCA。为了许多寻求更低成本和费用的高科技公司集群的发展，一些房屋还被改造为数字园区。

双脚着地

从以上相关的几件事中可以学到三课。

第一课：发生变化。人们来去匆匆，公司和企业会兴起、衰落，繁荣和健康可能转眼即逝。关系和伙伴会形成、破裂。事故会发生；自然灾害会出现。新主意会产生，或好或坏。一些冒险成功了，一些失败了。生活依旧。

大多数事物都会改变，且常常出乎意料。

一个遭遇天灾变化的城镇就是艾奥瓦州的查尔斯（Charles）城。1968 年春，一场龙卷风横扫艾奥瓦州东北部部分地区，查尔斯城被弄得凌乱不堪。龙卷风造成 13 人死亡，共摧毁了 256 家商店和 1250 所住宅。市民很快重建了商业区，在商业区改造过程中保留了其古香古色的特点。佛罗里达人都不会忘记安德鲁飓风的可怕威力，它造成了 1992 年佛罗里达州东海岸沿岸的许多城镇历史上最大的破坏。

变化有时会让你措手不及，即使你能预料到它。所以，不能只预期变化会发生，还要设法预先采取措施。要努力营造变化，保持城镇的健康和繁荣。一个城镇需要人们有向前看的眼光，能看到即将来临的好的或者坏的变化，并且知道如何趋利避害。

你需要具备许多前面章节中提到的技能和品质。例如，保持城镇好的局面、做必要的改变以维持健康的局面都需要肯干的态度。塑造或重塑城镇远景的能力会增大向好的方向转变的可能性。培育企业的方法会帮助一个城镇从不幸走向好运。不要坐等变化发生，要行动以使好的变化发生。

付之东流

宾夕法尼亚州西北部有一个 2600 人的小镇考德斯波特（Coudersport），直到 2002 年中期，一直是世界最发达的城镇之一。它的原始调查数据引起了我对这个城镇的注意，如果按此数据，该镇应该出现在我所列出的位居美国前列的乡村都市的表上（见附录 A）。但数字并不能反映全部事实。

考德斯波特是 Adelphia 通信公司所在地，该有线电视巨头年收入为 36 亿美元，属于里加斯（Rigas）家族。公司在当地雇用了2000多人，其创始人慷慨出资修建市政设施，从地区医院到世界级的高尔夫球场。然而，当公司于2002年向里加斯家族发放了23亿私人贷款的消息一经透露，Adelphia公司濒临破产。到2003年初，Adelphia公司把总部搬到了科罗拉多州的丹佛，这在镇上造成了不小的恐慌。事实上，许多家庭都在同一时期变卖房屋，以致房地产中介一时用光了所有的"待售"招牌。该公司最终可能会被变卖或拆分，镇上许多高工资的工作也会随之消失。

关注财政丑闻的影响会很有趣。这个小镇在接下来的10年会重塑自己还是就此衰落，只有时间能给我们答案。

第二课：获得动力。把大石头滚下山比推上山容易多了，这与动力有关系。要把大石头推上山惟一的动力就是你额头上的汗水。

获得动力对小城镇是至关重要的，不管是对工程进度、城镇发展还是产业扩张。为什么？因为动的改变在小城镇从头到尾都能被感知到。失去动力，人们对该镇经济前景的预测会急转而下。

俄克拉何马州的盖蒙（Guymon）保持了多年其源于盖蒙先锋日牛仔竞技表演的动力。5月份举行的牛仔竞技表演是俄克拉何马州锅柄状突出地带每年的盛事之一，其奖金额度排在专业牛仔竞技巡回赛的前10位。离盖蒙最近的州际公路在其南面120英里，但这不能阻止牛仔和大量的游客源源不断地来到这个有10472人的城镇。牛仔竞技表演每年大概会给当地带来150万美元的收入，60%的观众和竞技者非当地居民。

和盖蒙一样，繁荣的城镇都能敏锐地觉察到动力的走向，知道当动力反作用于自己，甚至有危害时该如何做。利用动力有点儿像骑着一匹执拗的野马：你尽可能骑在上面，知道可能早晚被甩下来。少数有天分的驾驭者能幸免于被甩。但即使那些被甩下来的人也能获得成功，如果他们不仅知道如何驾驭，而且知道如何平安落地，以便再次骑上去的话。

第三课：勇敢面对，承担责任。每个城镇都会有怀疑者和抱怨者能挑出计划变革的错处。一个小城镇的美好之处在于这些顽固的家伙能被那些有肯干态度、有远见、有计划使城镇繁荣起来或持续繁荣的人争取过来。

热情和坚韧是汤米·克雷默（Tommy Kramer）在任俄克拉何马州杜兰特镇经济发展委员会主任期间的特点。由于克雷默成功地为这个13549人的城镇吸引和保留住了3.67亿美元的投资，他被国际经济发展委员会授予2003年度杰出新经济发展者的称号。

和克雷默不同，顽固的人没有或只具备很有限的先见之明。所以，一个城镇能健康发展取决于有远见的人在多大程度上能帮助顽固分子看到做事的更好方式。顽固的人安于现状，不会以另外的方式行事。这种倾向需要那些乐于冒险、适应变化的思想来克服。

威斯康星州的巴拉布（Baraboo）和周围的索克县的居民如果过多执拗于1942年是可以被原谅的。当时，美国政府强制占地7300英亩，85个农场的居民被迫搬走，以在此修建 Badger 军事武器厂。这些农民获得了土地占用费，但没人帮助他们找到新居住地和新工作。他们既有因帮助国家应对战争的爱国心，也有一丝苦涩掺杂其中（顺便说一下，该工厂在以后的三次战争中都派上了用场，然后就退役了。这儿计划建立一座博物馆，以纪念人民的遗产，保存该地区的历史）。

然而，巴拉布的苦涩没有持续多久就被思考、计划和长远打算所代替。巴拉布是一个城镇发展亦好亦坏的最好例子——它本可以放任自己一无是处，但事实是它决定重建自己。全镇团结起来，形成了一套促进城镇健康发展的核心价值和基本原则，成立了索克县经济发展公司。1960年以来，巴拉布的人口增长了近40%，索克县的人口增长了近50%。

再看一下伊利诺伊州帕里斯的例子，该镇在20世纪90年代损失了几个制造业工厂。尽管帕里斯不靠近公路，最近的州际公路也在15英里以外，镇上的一群人决定利用起关闭的工厂。他们认为，"如果我们能让人来这些旧工厂看一看，我们就能让他们到这儿来做。"厂商们来这儿考察过许多次，但没有发现这里有他们想要的条件。他们真正欣赏的是这群人有感染力的热情和肯干的态度。现在的帕里斯有了一个新的工业园，里面的众多工厂给当地居民提供了许多新的就业机会。

一城之失乃另一城之得

你可能没听说过 P·K·霍姆斯（P. K. Holmes）。在家乡阿肯色州的纽波特（Newport）他算是一名成功的商人，但你不会找到一座纪念他的雕像。他本可以给家乡小镇留下一笔财富，但却搞砸了。

在20世纪40年代中期，霍姆斯把空地租给一位年轻人，这位年轻人的小公司相当成功，每年总收入大概25万美元。到1950年，霍姆斯无论如何都拒绝续约，他买了年轻人的特许经营权，把它转给了儿子。

这个当初天真地签了一份没有任何续约条款的租赁合同的年轻人想搬到圣路易斯，但他的妻子坚持要住在一个小城镇。于是，他们搬到了200英里外的西北部的阿肯色州本顿县，重新开始创业。12年后，也就是1962年，年轻人尝试了一个新概念并很快流行起来。

这位年轻人当然就是萨姆·沃尔顿，这家公司就是沃尔玛，这个镇就是阿肯色州的本顿维尔（Bentonville），这儿诞生了数以百计的百万富翁，在因股票获利前，这些人曾是卡车司机或沃尔玛的收银员、秘书、店长。尽管遭到一些非议，有人认为在小镇边上开沃尔玛会使小镇中心购物区衰败，沃尔玛在其发源地还是发展得很好。在过去的40年，本顿维尔的人口从3000增长到19730，本顿县增加了6000个新的就业机会。2003年，该县的失业率是2%。

相反，在过去的40年，纽波斯的居民只增长了800人（其2000年普查人数为7811）。该县的就业数稍有下降，2003年失业率为9%。

顺便提一下，萨姆·沃尔顿1969年回到纽波斯开了一家沃尔玛。P·K·霍姆斯给他儿子的那家店在拒绝与沃尔顿续约后很快就倒闭了。

融合所有秘诀

就像一个人可以改变一个城镇那样，任何一个秘诀都能影响成功——不管是好的还是坏的影响。也就是说，任何一个秘诀都能成为城镇发展前途的决定因素。

每个秘诀都是重要的。每个秘诀的存在（积极的）或缺席（消极的）在全镇都能被感知到。即使最小的事件也会对一个乡村城镇产生影响，改变其命运。

从这个角度来说，比起在大城市生活，小城镇更激动人心。每天都有一些不确定性，每个居民都参与其中。每个人都可以从某种程度上施加影响。不管个人的天分、思想和能力如何，每一个人都能贡献一份力量。当足够多的人共同产生了积极影响，城镇就一定会繁荣起来。跷跷板效应不会使你在空中陷入困境，而只会使你乘坐得舒心，让你双脚稳稳着地。

第 11 章

案例研究：让所有秘诀发挥作用

阅 读了成功城镇用来保持健康、繁荣局面的 8 个秘诀，你可能会问：有没有城镇使用所有的秘诀？有没有城镇在每个秘诀的运用上都非常出色呢？

可以确定的是，所有书中提到的城镇案例在某些方面都做得很好。它们中的大多数在许多或绝大部分关键要诀方面都是出色的。当然，没有一个城镇是完美的，每个城镇（和城市）都面临着限制和挑战。所以，挑选一个大部分秘诀都运用出色的城镇，仔细研究它是怎么运作的，是非常有用的。

许多城镇都可以选作案例进行研究，它们当中的佼佼者有：密西西比州的牛津、印第安纳州的哥伦布、俄勒冈州的本德（Bend）、内布拉斯加州的卡尼、路易斯安娜州的纳基托什（Natchitoches）、田纳西州的哥伦比亚、华盛顿州的摩西莱克（Moses Lake）、南卡罗来纳州的纽贝里、威斯康星州的道奇维尔、怀俄明州的吉莱特、肯塔基州的鲍灵格林（Bowling Green）、北卡罗来纳州的莫尔黑德城和密苏里州的开普吉拉多。我从中选择了位于密苏里州东南、密西西比河西岸的开普吉拉多。

为什么选开普吉拉多呢？首先，开普吉拉多的数据显示了成长和繁荣。由表 11.1 的数据可以看出，这是一个处于上升期的城市。

表 11.1 开普吉拉多与全国平均水平比较（1990~2000 年）

	开普吉拉多	全国平均
人均国民收入增长	54%	50%
贫困家庭数变化	−31%	−8%
中等收入家庭增长	56%	51%
25 岁以上拥有学士学位人数	30%	24%
拥有学士学位人数增长	6%	4%

数字是令人印象深刻的，然而，开普吉拉多不仅仅有事实和数据，它是一个有传奇故事的城市。它的居民引领着它成长，维护着它的健康。接下来我们就仔细研究一下开普吉拉多，看看它在 8 个秘诀上如何表现优越或如何努力达到优越的。

从传奇的过去到光明的未来

1931 年,丹尼斯·西沃力(Dennis Scivally)开始修建现在著名的"十里花园"。这个名字很贴切,因为这个花园沿着老 61 号公路,从开普吉拉多一直向北至杰克逊绵延 10 英里。到 1939 年,这里已栽种了 25000 多株玫瑰——隔着公路,一边红色,一边白色,分别代表美国内战中的北方和南方(在战争中,联邦军占领了开普吉拉多,并修建了 4 个堡垒保卫城镇和河流。现在,该镇的纪念馆用来纪念联邦战士和南方邦联战士)。很快开普吉拉多就因此花园而闻名于世,获得了"河上的玫瑰城"的绰号。尽管当 1963 年 61 号公路开始施工时,十里花园消失了,当地的居民在全城仍然保存着 20 多个玫瑰园。

密西西比河也对开普吉拉多的过去和未来有重要影响。该城镇建于 1793 年,由法国的一个小贸易站发展而来,到 1803 年刘易斯(Lewis)和克拉克(Clark)探险穿越这里时,这里有 1000 多居民。1835 年,正如当地居民所知,蒸汽船来到密西西比河,使这个海角成为河畔的一个新兴城镇,它成了圣路易斯与孟斐斯之间最繁忙的港口。内战后,随着铁路运输的引进、公共教育的确立和 1873 年东南密苏里州的设立,该镇继续发展着。事实上,随着铁路运输的出现,该城镇的人口在短短几个月就增长了一倍。商店开张,旅馆开业,城镇开始急速发展起来。

河既是开普吉拉多的恩赐,也是其祸根。每隔几年,能量巨大的密西西比河就会淹没河岸。洪水曾数次蹂躏过开普吉拉多的商业区,冲毁商铺,造成巨大的损失。1956 年该城开始建造防洪堤保护自己,共花了 8 年时间,耗资 400 万美元,这项工程曾数次保护了商业中心。

现在,开普吉拉多有许多资源和吸引人的地方。它是一个位于河岸两侧的城镇,因为有东南密苏里州立大学,它同时也是一个大学城。另外它还是花园城和艺术之城,不仅多次举办棉被展销和展览会,还以防洪堤和商业中心街上无数的壁画为特色。这是一个户外之城,有 26 座公园和近在咫尺的远足小径,包括 Tears 国家公园的小径和为数众多的体育设施。此外,开普吉拉多的制造企业雇用了近 7000 人,农业的就业人数为 2000 人。在诸如复印服务、服饰、一次性尿布、水泥和橡木压层地板等众多行业中,你还可以发现以服务为导向和与信息相关的劳动大军。开普吉拉多有 160 多家制造企业和批发公司,整个城镇约有 1400 家公司。

在商业区的高楼大厦中间散落着许多历史建筑,开普吉拉多铭记着自己的历史。一个开普吉拉多的居民设计和制作了密苏里州州旗。民事诉讼法院和法院公园是印第安委员会历史性会议会址的标志,在内战期间曾作为宪兵司令马歇尔

(Marshal）的司令部。在密西西比州的西部，美国第一条长途电话线路是从开普吉拉多出发的，目的是为了让杰克逊的商人知道蒸汽船抵达的时间。

开普吉拉多不仅有这些历史事件和遗址，还有更光明的未来。一座设计为到2015年每天承载26000辆车通过的悬浮桥正在建设中。因为这个城市有众多公司和商店、两家全面服务的医院和大学，估计每天有9万人在开普吉拉多找到了他们想要的——工作、购物、上课、就医，这对一个不到36000人的城市来说不算少了。

尽管好像每个人都可以在开普吉拉多找到某些自己想要的东西，但和其他城市一样，开普吉拉多也有弱点、缺点和挑战。尽管从审美角度来讲，起伏的山脉是令人愉悦的，但却使得大型项目的修建面临困难。河流形成了天然的障碍，使得城镇只能单方向发展。贫困区持续恶化，一些种族关系紧张。一位富商经常和城镇的发展计划背道而驰，他愿意把钱花在颠覆城镇的发展计划上。但该城镇以最能克服障碍、走向繁荣的方式来应对这些挑战。

慢但稳

伊利诺伊州的开罗（Cairo）曾是西南伊利诺伊和东南密苏里的区域中心。然而，在20世纪40年代，开普吉拉多开始取代开罗。到1950年，开普吉拉多已完全取得了其今天所保持的区域地位。从表11.2的数据可以看出，一个是持续成长；另一个是停滞不前，开始了漫长的衰落期。

现在，近15万人在开普吉拉多和附近地区工作。方圆40英里的城镇区域聚集了 $\frac{1}{3}$ 的劳动力。

表11.2　开普吉拉多与开罗的比较

	开罗	开普吉拉多
1900年人口	12566	4815
1920年人口	15203	10252
1940年人口	14407	19426
1960年人口	9348	24947
1980年人口	5931	34361
2000年人口	3632	35349

具有肯干的态度

开普吉拉多或许是作为河上的玫瑰城而知名，它的第二个绰号应该是"别哄我州（Show-Me State）的肯干城"。从城镇名称的来源、吉恩·巴普蒂斯特·吉拉多特（Jean Baptiste Girardot）到这儿之后众多的人和事，包括修建驯服密西西比河水的防洪墙，都展示了一种肯干的态度。这座20英尺高的防洪墙蔓延了1.1英里，使商业区避免了难以估量的损失，所以对该城镇有着重要的经济影响。

除了修建防洪墙，开普吉拉多的许多行动也展示了其肯干的态度：修建展示中心，这个展示中心是东南密苏里州立大学男篮和女篮的训练基地，同时也是娱乐和会议中心。在20世纪80年代早期，大学想要新建一座运动场来取代其30年代的体育馆，而城镇需要一座会议中心。双方都清楚没有那么多资金来完成两个不同的工程。所以，他们没有争夺城镇和州的资金支持，而是合作筹资修建了一个满足双方需要的建筑。

展示你的钞票

在一次举办牛仔竞技表演时，开普吉拉多的展示中心在售票处和代售点用面额2美元的钞票为观众们兑换零钱。这样做是为了证明美元是如何从中心流通到全镇的。随后，中心举行了一次宣传活动，"如果你有一张2美元的钞票，那一定是在牛仔竞技表演时换得的"。不要再认为用2美元你什么也买不了：就像展示中心所做的一样，你能用它买到极多的社会关系。

展示中心工程造价1350万美元，其中500万为城镇资金，通过分别向旅馆和饭馆征收20年的3%和1%的税筹得。东南密苏里州出资850万美元，另外还出资300万美元在附近修建了一座学生活动中心。

这项工程也并非一帆风顺。尽管公民投票以绝对优势决定在东南密苏里州立大学的校园修建中心，但一位当地的商人却带头想在大部分旅馆聚集的城镇西头修建。大学想把中心建在校园里，这样学生们就可以步行去教室或做运动，所以极力确保州政府资助这项工程。那位商人为了阻止在学校修建中心，提起了诉讼，最终被密苏里州最高法院宣判败诉。

中心在1987年落成启用，有32000平方英尺的展览空间和众多会议室，可以举办2000人的正式宴会，容纳7200名观众观看体育比赛。每年营业收支预算为110万美元。尽管参与筹建展示中心的各方之间存在法律纠纷和利益分歧，城镇和大学的经营协议却是一份只有一页的文件，把优先权给了大学的篮球队。另外，要以尽可能最佳的方式出租场所。到2002年底，展示中心接待过450万人、举办过6207次活动，从牛仔竞技表演到政治集会、从家庭和田园展到运动集训、从农业机械比赛到最知名音乐家的演出、从冰上舞蹈到杂技表演。

"很多城镇都试图效仿我们的做法，但很难实现，"展示中心主任戴维·罗斯

(David Ross)说:"完成这项工程付出了很大的政治代价。从某种程度上讲,由于这项工程,连任了16年的市长没有再次参加竞选,市政执行官在工程竣工6个月后离职,大学校长在两年内因另一个机会也离开了。"尽管带来这些副作用,中心仍然是一个实证,证明了城镇和大学都具有肯干的态度,团结努力就可以完成本来在这样两个实体间很难达成的事。

具有远见卓识

人均国民收入和其他重要指标都健康并保持增长态势,这对开普吉拉多是好消息。而更好的消息是,该城镇正在筹划未来以确保这些指标持续攀升。开普吉拉多在2020年的远景战略规划中清楚地说明了其远景目标,这个规划取代了1987年提出的2000年战略规划。2020年远景战略规划是由一个特别委员会做出的,该委员会起核心小组的作用,负责搜集信息,传递当地组织、服务机构、学校和居民个人的观点。

2020年远景预期目标提出:开普吉拉多市将成为区域中心、一个适宜游览、居住、工作和养家的好地方。开普吉拉多将成为一个不断进取的城镇,它对所有市民来说是安全、鼓励参与、引以自豪和欣欣向荣的城镇。这个宣言是规划中的五个主要领域的一个指导原则,这五个领域是:艺术、文化和休闲;城市服务和富裕;经济发展;教育;交通与基础设施。除了具体的目标、目的和"成功战略"(即实现目标和目的的方式),每个领域都有与总目标协调一致的具体预期目标综述。

"我们每年回顾一次五年计划,在此过程中融入战略性计划,"市长杰伊克·努德森(Jay Knudtson)说:"但更重要的是,我们每年会认真回顾预期目标,让我们为过去的一年负起责任。我们试着给自己打分,看在完成预期目标的过程中做得怎么样。正如任何一个公司、城市或其他实体所做得那样,这是我们做每件事的基础。我们努力做到对自己诚实,尽量让自己对作为一个城市的我们的表现负责。"

河区校园的初期远景

著名作家、密苏里州人马克·吐温在密西西比河上游230英里的Hannibal长大,他在其作品《密西西比河上的生活》中提到了开普吉拉多:"开普吉拉多位于山坡,风景秀丽,在河畔靠近城镇底部有一所伟大的耶稣教会男校……在山的顶部有另一所大学——一座闪亮的新大厦,尖尖的顶,别致、特别地高耸着……"

> 这座"闪亮的新大厦"后来发展成了东南密苏里州立大学，名为圣·文森特学院的耶稣学校以后将变为现在所谓的河区校园：东南密苏里州立大学的视觉和表演艺术学院。河区校园也将包括一个地区博物馆，费用约3560万美元。这项工程由城镇、大学和密苏里州联合筹建。
>
> 河区校园——包括修复的历史建筑和新建筑——竣工时将不仅有教室、办公室和朗诵大厅，还有一个艺术表演礼堂、排练教室、录音室、音乐图书馆、剧院、博物馆展览区和艺术室。河区校园会增添开普吉拉多已有的艺术氛围，吸引旅游者来此消费，作为打算迁到这里的行业的卖点，是经由新爱默生纪念桥进入该镇的大门。多亏了远见卓识和城镇、大学与州的合作，开普吉拉多一定会像城镇旁的河流一样平稳向前。

利用你的资源

开普吉拉多有很多可以利用的资源。城镇的发展部分原因是其全面和周到的战略计划使这些资源被最大限度地利用了。结果，局外人就认为开普吉拉多是一个多方位的城镇，为人们提供了诸如艺术、户外活动、技术和生产等方面的东西。

密西西比河孕育了这个城镇，河的特点——它的稳定持续、耐久力、粗野、力量和有用——好像都留下了烙印。河流不驯服时曾给开普吉拉多带来了烦恼和痛苦，但带来更多的是机会、贸易和繁荣。1975年，来自斯科特和开普县的人在斯科特城附近共同组建了东南密苏里地区港务局（赛蒙港）。这两个县通过决意在四年内（1986~1990年）缴纳25%的销售税来筹资开发一个港口和一般货物码头。两县投票支持率都超过70%，在四年里共筹集了730万美元。

现在，15条重要的驳船线路为开普吉拉多和港口服务，这儿是主要的石油、粮食和水泥的集散地。离赛蒙港不远就可以到三条卅际公路，以及高速公路、一个地区港口和铁路。虽然海港没有引进更多的商业有点儿令人失望，但港口拥有170万美元的资产、500英亩可开发土地，其中70英亩已经完全开发了。港口还拥有一条自己的6英里长的短途铁路线路，每年转送汽车达2000辆。港口已获得了2100万美元的私人投资，在这个过程中新增了100个岗位。

强有力的领导

2002年杰伊·克努森当选开普吉拉多的市长时，恰是在他因工作第一次来到该城镇13年后。他说："我首先必须要做的事中有一件就是解决该城镇的财政问题。城市管理必须尽可能地削减支出、增加收入。这是一个艰难的决定，需要勒紧裤腰带过日子。"克努森认识到，授权市民对城镇财政问题提出决定性建议的领导艺术是很有帮助的。

"我认为我们应该团结当地、非政治市民参与关注城镇的财政问题，"克努森回忆道："我让每个议员从他们各自的选区推荐一名市民。我们最后聚集了12位代表不同行业、种族、婚姻状况、蓝领和专业人员的市民。"

在不受市长和市议会指导的情况下，这个成员背景各异的团体与市政执行官、财务处长会谈了几次，最终提出征收25%的销售税，对通过销售目录和网络购买的州外公司的货物或原材料征收当地使用税，对财产按每一百美元评估值征收10分的加征财产税，并加收防洪设施使用费。通过这些措施可以增加410万美元的收入用于城镇的运营、购买新设备、建设防洪设施、建立新的消防队、扩大和翻新警察局以及建设家庭水上运动中心。但是，投票结果推翻了增加税收和费率的提议。

但最显著的一点是这支工作队伍不仅有权力决定如何筹集工程资金，而且还可以决定该城镇给予工程优先权的问题。这种领导风格正是开普吉拉多有一个光明未来的原因之一。

据调查……

开普吉拉多分别在1987、1994和2002年对市民进行了广泛的调查，以确定他们对城市在关键领域表现的看法，证明哪些是市民关注的领域。表11.3列出了关于该城镇领导力的最新调查的一些发现（百分数为对该问题认为极好或好的百分比）：

表11.3　关于开普吉拉多的调查

问题	1987年	1994年	2002年
开普吉拉多是一个进取的城镇	52%	47%	67%
吸引新商业的努力	43%	39%	46%
城镇需要更多的家庭和全科医师	56%	79%	52%
城市政府的总体表现	31%	39%	49%
商会的总体表现	54%	50%	57%

培养企业家精神

20世纪80年代末期，约翰（John）和杰瑞·维门（Jerri Wyman）在东南密苏里州立大学上学时，在开普吉拉多相识。毕业后，他们在商业区不起眼的地方开了一家饭馆。以此为开端,以后又开了几家饭馆、鲜美食品店,并在商业区改造了几个老商业建筑和住宅。从一开始他们就对保护老商业区非常感兴趣,维门说他们的愿望就是"使商业区变成一个我们想居住和做生意的地方"。

经过维门和许多有类似想法的企业家、市民的努力,从20世纪90年代中期开始,新增了许多画廊和饭馆,开普吉拉多商业区开始有了巨大的变化。现在维门在商业区拥有15家地产,其中7个是商业设施。他们打算用一个翻修的办公楼作为孵化器来推进开普吉拉多新企业的发展。并非他们所有的尝试都获得了成功,但维门没有让路上的坎坷影响他们的热情。他们是典型的企业家:一旦跌倒,他们会站起来、继续前进。

维门认为对想回到小城镇的年轻人来说,商业区就是圣地。"他们可以得到一切,"约翰说:"不断发展的开普吉拉多可以给他们提供在圣路易斯或孟菲斯这样的大城市所能得到的东西,但却没有大城市生活的纷扰。这个城市渴望发展,从长远来说也会支持发展。"

真像一个地道的企业家说的话。

保持地方控制

鲁斯特通信公司现任董事长加里·鲁斯特(Gary Rust)在20世纪60年代早期购买了一家在开普吉拉多拥有1500份发行量的周报。在这以后的35年里,他把鲁斯特通信从拥有一份周报发展成在7个州共发行40多份报纸的规模,读者总计超过100万。在这个过程中,鲁斯特打造了一个不符合报业常规的组织:独立的家庭报纸网络、每份报纸相互独立、拥有其地方控制力。

2001年,鲁斯特从公司的日常管理中退出,把权力交给他的两个儿子乔恩(Jon)和雷克斯(Rex)。公司的总部仍然设在开普吉拉多,公司对城镇的许多工程以及东南密苏里州立大学都做出过很大的贡献。例如,鲁斯特通信资助教育计划,利用公司的资信为城镇商会的一个发展基金进行担保,还赞助了很多活动,从芭蕾演出、篮球联赛到圣诞礼物派送。该公司对城镇发展的参与不仅在开普吉拉多有很大影响,在它发行报纸的其他城镇也产生了影响。

"我们的报纸有助于定义城市,"乔恩·鲁斯特说:"和在小城镇的许多大型报业不同,我们不回避坚定的个人呼声。我们钻研艰深的问题。一些大的连锁商认为冲突能危害到他们在一个城镇的特权,我们并不回避冲突,而相信知识广博的谈话有利于形成更充满活力、高产的城镇。"

尽管已保持了数年的可观增长,鲁斯特通信仍保持着其小城镇的价值观。许多人,包括乔恩·鲁斯特,都认为在小市场家族式的报业是很危险的。但鲁斯特通信为开普吉拉多和其他许多城镇所做的一切,为我们提供了一个很好的例子,它向我们展示了保留地方控制权如何造福城镇。

展示品牌

开普吉拉多所追求的——也许部分是因为追求的太多了——没有什么品牌。除了以地区性中心知名,没有一个特别的品牌。它多元化的经济基础包括农业、制造业、医疗器械、零售业和一所州立大学。

> ### 墙上的绘画
>
> 本地人玛格丽特·伦道尔·德门特(Margaret Randol Dement)为开普吉拉多商业区设计了一个描绘45个著名密苏里州人的色彩缤纷的壁画。这堵密西西比河防洪墙上的名人众多,包括哈里·S·杜鲁门、弗兰克和杰西·詹姆斯(Jesse James)、塞缪尔·克莱门斯(马克·吐温)、纳什·里姆鲍(Nash Limbaugh)、田纳西·威廉斯(Tennessee Williams)、T·S·埃利奥特(T. S. Eliot)和卡拉米蒂·简(Calamity Jane)。
>
> 其他的壁画在保留城镇历史的同时,还增添了商业区的独特和美丽。
>
> 成立于20世纪80年代的大河遗产壁画协会已在开普吉拉多完成了6幅户外壁画和1幅室内壁画,还计划在防洪墙上绘制一幅长1100英尺的反映该城镇500年历史的壁画。估计所需的20万美元成本将通过捐款、商业区商人协会、行会和旅游局资助等方式筹得。
>
> "壁画在旅游业发展中扮演了重要的角色,"大河遗产壁画协会主席蒂姆·布拉特纳(Tim Blattner)说:"它们吸引游客在圣·路易斯和孟菲斯之间停留,也是城镇居民的骄傲。它们是心灵的窗户、开普吉拉多市民历史的见证。这些我们历史的象征是吸引新人来到我们城镇的一种自豪感的源泉。"
>
> 没有城市会停滞不变,开普吉拉多看起来已开始应对解决其身份认证的危机。在2003年夏天,它进行了一项市场研究来确立一个可以向游客推广的品牌。它意识到了品牌的重要性,并开始干劲十足地追求。

保持跷跷板上的平衡

开普吉拉多最近几年已修建了几所学校,还在筹建一所州立河区艺术校园,修建一座新桥来增加横跨密西西比河的车流量。城镇仍计划着发展,尤其是其产业和就业机会上。看起来开普吉拉多毫无疑问地在向着其远景目标前进——成为区域中心和适宜旅游、居住、工作、还有养家的好地方。

然而，河区校园工程也成了许多市民质疑的焦点，投注在一个艺术中心这么多钱是否为明智之举。许多纳税者已疲于打开钱包、为新工程缴纳更多的税。一位原本支持开发河区校园的当地商人也开始持反对态度，并已在城镇产生了两极分化的影响。开普吉拉多的部分近期投资都与这位商人在镇上的遗赠紧密联系在一起，二者似乎陷于一种爱恨交加的关系。然而，尽管有各种阻碍，河区校园工程仍在继续推进，并于 2004 年如期完工。

居住在小城镇如此令人激动的一个原因就是任何事或人好像都是重要的。人们对自己的城镇充满热情、不怕说出他们的想法。通常，他们的热情会和他人的热情发生冲突。每个人都想自己的城镇发展得最好，但观点各异。在坚持向城镇共同繁荣的远景目标前进的同时，小城镇的领导不得不把这些因素都考虑进去。

在开普吉拉多这样的小城镇很小的事也是紧要的。或大或小的决定产生的影响都能被全镇上下感知到。

第12章

乡村都市和大城市的比较

本书赞美了乡村都市的诸多优点。但是总体来讲它们与大城市相比有什么优点呢?乡村都市与大都市统计区相比又如何呢?

首先,看看乡村都市之间的比较、乡村都市与同等规模县的比较,以及乡村都市和较大的县还有美国所有县的比较。表12.1是从1990年到2000年人口和就业增长情况;1989~1999年人均收入的比较。

表12.1 县的比较

地 区	2000年人口	年均人口增长率	年均就业增长率	年均人均收入增长率
前100名乡村都市所在县	5151451	27.9%	32.1%	51.1%
所有397个乡村都市所在县	16298865	19.7%	24.0%	51.0%
非大都市统计区所在县(不包括乡村都市)	37105585	7.5%	8.3%	47.1%
非大都市统计区所在县(2320个)	53404450	11.3%	13.1%	48.3%
大都市统计区所在县(822个)	220238823	17.9%	14.7%	50.0%
美国所有的县(3142个)	273643273	13.1%	13.8%	50.0%

看看这些数字的四点含义。首先,非大都市统计区所在县——包括乡村都市——总体上比大都市统计区所在县的情况更糟糕。第二,乡村都市所在县——尤其是前100名与大都市统计区和另外的非大都市统计区有显著的区别,尤其是在人口和就业增长方面。当把乡村都市从非大都市统计区中排除后,人口和就业变化降到了1位数,人均平均收入(PCI)比全国平均水平低3个百分点。

第三,与其他区域相比,乡村都市所在县的就业增长率远高于人口增长率。这是健康和增长的主要标志。为了阐述这种相关性,再看看大都市统计区所在县:人口增长率高于就业增长率3.2%,相当于人口比就业岗位多7047642个。

第四,乡村都市的收入状况好于其他县,比所有的非都市统计区的县高3%,

比大都市统计区和全国高 1%。你可以从两个方面看看这种区别：乡村都市和非大都市统计区县的生活成本要比大都市统计区高（虽然在一些小的旅游城镇生活成本可能等于或高于这个州的主要大城市），因此，收入的略微提高对于乡村城镇来讲意味着更多（乡村都市和较大城市的比较见表 12.2）。许多人离开大城市来到乡村都市就是为了提高生活质量，而不是为了钱。一般来讲，除了金钱以外，他们能够在乡村都市得到的更多，这是肯定的。

表 12.2　10 万美元收入的意义

如果你在纽约、芝加哥或旧金山（硅谷）一年挣 10 万美元。这个表将告诉你若想维持与大城市 10 万美元同样的生活水准，你需要在各种乡村都市挣多少钱（表中的数字是 2003 年 2 月 26 日从 homefair 网站中收集的）。

州	城镇	你需要挣多少美元才能维持像在纽约 10 万美元那样的生活水准	你需要挣多少美元才能维持像在芝加哥 10 万美元那样的生活水准	你需要挣多少美元才能维持像在旧金山（硅谷）10 万美元那样的生活水准
亚拉巴马	Fort Payne	34902	53302	45823
亚利桑那	Prescott	38558	58886	50623
阿肯色	Hot Springs	31899	48717	41882
阿肯色	Paragould	31846	48635	41811
科罗拉多	Durango	46415	70886	60940
科罗拉多	Glenwood Springs	56979	87019	74809
科罗拉多	Vail	76823	117325	100863
佛罗里达	Vero Beach	30819	47067	40463
佐治亚	Brunswick	30312	46292	39797
佐治亚	Thomasville	32219	49204	42301
爱达荷	Coeur d'Alene	33333	50907	43764
印第安纳	Columbus	34783	53120	45667
艾奥瓦	Ames	35467	54165	46565
堪萨斯	Garden City	35909	54841	47146
肯塔基	Bowling Green	29305	44754	38475
路易斯安那	Hammond	32153	49105	42215
马里兰	Easton	40622	62038	53334
密歇根	Petoskey	37251	56890	48907

第 12 章 乡村都市和大城市的比较　109

续表

州	城　镇	你需要挣多少美元才能维持像在纽约 10 万美元那样的生活水准	你需要挣多少美元才能维持像在芝加哥 10 万美元那样的生活水准	你需要挣多少美元才能维持像在旧金山（硅谷）10 万美元那样的生活水准
密歇根	Traverse City	37985	58011	49871
密苏里	Cape Girardeau	34706	53003	45566
蒙大拿	Bozeman	36639	55956	48105
内布拉斯加	Kearney	36712	56068	48201
内华达	Carson City	41579	63500	54590
新罕布什尔	Concord	40545	61921	53233
新罕布什尔	Lebanon	43740	66800	57427
新墨西哥	Taos	42529	64950	55837
北卡罗来纳	Hendersonville	36639	55956	48105
俄克拉何马	Durant	31484	48083	41336
俄勒冈	Bend	40491	61839	53162
俄勒冈	Grants Pass	37935	57935	49806
南卡罗来纳	Georgetown	40111	61258	52662
南卡罗来纳	Hilton Head Island	44993	68714	59072
田纳西	Greenevills	31923	48752	41912
得克萨斯	Eagle Pass	34390	52522	45152
犹他	Logan	34629	52886	45465
犹他	Park City	43482	66406	57089
犹他	St. George	36067	55081	47353
华盛顿	Port Townsend	43774	66853	57472
怀俄明	Gillette	33537	51218	44032
	平　　均	38294	58484	50278

现在看看表 12.3，乡村都市所在县与包括较大城市的县相比又如何。这个表格包括美国第 10 大城市到第 26 大城市的数字。它们的总人口与 397 个乡村都市的总人口相接近（第 10 大城市到第 26 大城市能较好地代表美国。如果只列出规模较大的城市，那么就只能将纽约和洛杉矶包括在内来做人口上的比较）。人口和就业率增长指标是从 1990 年到 2000 年；人均收入指标是从 1989 年到 1999 年。

表中的城市（和县）包括密歇根州的底特律（韦恩县）、加利福尼亚州的圣何塞（圣克拉拉县）、印第安纳州的印第安纳波利斯（马里恩县）、加利福尼亚州的旧金山（独立城市）、佛罗里达州的杰克逊维尔（杜瓦尔县）、俄亥俄州的哥伦布（富兰克林县）、得克萨斯州的奥斯汀（特拉维斯县）、马里兰州的巴尔的摩（独立城市）、田纳西州的孟菲斯（谢尔比县）、威斯康星州的密尔沃基（密尔沃基县）、马萨诸塞州的波士顿（萨福克县）、华盛顿州特区（独立城市）、得克萨斯州的埃尔帕索城（埃尔帕索县）、华盛顿州的西雅图（金县）、科罗拉多州的丹佛（丹佛县）、田纳西州的纳什维尔（戴维森县）和北卡罗来纳州的夏洛特（梅克伦堡县）。

表12.3 乡村都市和大城市的比较

地　　区	2000年人口	平均人口增长率	平均就业增长率	平均人均收入增长率
397个乡村都市所在县	16298865	19.7%	24.0%	51.0%
美国排名第10位至第26位的城市所在县	15625216	10.4%	9.0%	64.7%

最后，看看表12.4，它是乡村都市和有同样人口规模的三个高新技术产业园区的比较。这三个高新技术产业园区是加利福尼亚州的硅谷（圣克拉拉县）、华盛顿州的西雅图（金县）、马萨诸塞州的波士顿（萨福克和米德尔塞克斯县）。这三个高新区都成为了1999年梅肯（Milken）研究院排名前10位的"高技术集群"（"高技术集群"是指一个区域内高新技术产业高度聚集）。事实上，圣何塞（硅谷）名列第一、波士顿名列第四、西雅图名列第五（达拉斯第二、洛杉矶第三。为了得到一个更好的县的横向比较结果以及相同规模的人口数，这些高新区都被排除在外了）。因此，你可以看看乡村都市与一些较好的高新区的比较。

表12.4 前100名乡村都市和高新技术集群所在县的比较

地　　区	2000年人口	平均人口增长率	平均就业增长率	平均人均收入增长率
前100个乡村都市所在县	5151451	27.9%	32.1%	51.1%
三个梅肯研究院的高新技术集群	5418006	10.4%	12.2%	75.2%

令人惊奇的发现

我惊奇地发现前 100 个乡村都市中的 52 个离最近的州际公路都超过了 25 英里。当我研究了一些县和小城镇,再看看我所选择的数据时,又有了一些新的发现,我把这些发现列为下面 3 种类型:

我原以为大学城会发展得好,但是通常不是这样。事实上,我发现许多大学城都在挣扎中。你的城镇有一所大学并不意味着城镇会自动变好——部分原因是城市不能够留住它的毕业生。大学和城镇没有很好地合作起来留住它的毕业生,或者使以前的毕业生又回来。

我又有些惊讶地发现有许多著名人士要么来自小城镇,要么正居住在小城镇。这些人包括汤姆·布罗考(Tom Brokaw)(南达科他州的 Yankton)、里巴·麦肯泰尔(Reba McEntire)(俄克拉何马州的 Durant)、约翰·梅林坎普(John Mellencamp)(印第安纳州的 Seymour)、奥普拉·温弗里(Oprah Winfrey)(密西西比州的 Kosciusko)、詹姆斯·琼斯(James Jones)(伊利诺伊州的 Robinson)、乔·考克(Joe Cocker)(科罗拉多州的 Crawford)、卡尔·桑德伯格(Carl Sandburg)(伊利诺伊州的 Galesburg)、斯科特·乔普林(Scott Joplin)(密苏里州的 Sedalia)、邓肯·海因斯(Duncan Hines)(俄亥俄州的 Bowling Green)、詹姆斯·K·波尔克(James K. Polk)(田纳西州的哥伦比亚)、柯斯迪·艾黎(Kirsty Alley)(俄勒冈州的 Grants Pass)、马可·吐温(密苏里州的 Hannibal)、猫王——埃尔维斯·普莱斯利(Elvis Presley)(密西西比州的 Tupelo)和拉什·林堡(Rush Limbaugh)(密苏里州的 Cape Girardeau)。以上只列出了一部分人名。拥有名人并不意味着你的城镇会繁荣,但是它能够使你的城镇在地图上出现——在有些时候,会吸引游客和追随者。

另外一个惊奇的发现是县里最大的城市往往不是发展最好的。县里小城镇发展得比大城市好的例子有印第安纳州的 Santa Claus,俄亥俄州的 Orrville、缅因州的 Camden、密歇根州的 Mackinac Island、科罗拉多州的 Buena Vista、加利福尼亚州的内华达城和田纳西州的 Spring Hill。

最后一个发现:8 个乡村都市是州的首府。其中两个是在前 100 名中(新罕布什尔州的 Concord 市和内华达州的 Carson City)。另外 6 个是阿拉斯加州的 Juneau、缅因州的 Augusta、密苏里州的 Jefferson City、蒙塔纳州的 Helena、南达科他州的 Pierre 和佛蒙特州的 Montpelier。

从表 12.1、表 12.2、表 12.3 中的就业增长情况可以看出,好的趋势仍在继续。2000~2003 年劳动统计局的数字显示了就业率的变化情况:

前 100 名乡村都市所在县:增长 6.7%。

397 个乡村都市所在县:增长 4.2%。

全美国：增长 0.4%。

美国排名第 10 位到第 26 位的大城市所在县：降低 2.2%。

三个高新技术集群：降低 5.2%。

乡村都市所在县的发展速度甚至比高新区所在县要快得多。在大多数情况下，人均收入的偏低由像在西雅图、波士顿和旧金山这样的大城市的高生活成本弥补了。实际上，根据 homefair.com 的数据，如果在圣何塞年收入 10 万美元，相当于你在表 12.2 中列出的任何一个小城镇中只需要挣 50278 美元。在西雅图年收入 10 万美元相当于在乡村都市只需要挣 72728 美元，在波士顿挣 10 万美元相当于在乡村都市只需要挣 54836 美元。有很多人离开旧金山、波士顿或西雅图来乡村都市工作也就不足为奇了——对大城市的高房价、高财产税和其他高的生活费用说声再见。

在乡村都市生活相对于大城市来说要惬意得多，尤其是当你考虑高生活成本和生活质量时。许多人已经厌倦了大城市的生活节奏、竞争、高的生活成本和拥挤，来到了乡村都市。当然，也有很多人因为诸多原因继续留在大城市。这不是一个两者择其一的问题，但是已经到了想要寻求一种与众不同的生活的人们觉醒的时候了。有很多可以选择的机会，这些选择都可以很好地得到满足。

第 13 章

展望乡村都市的未来

第三次浪潮——每年大约有100万人迁出大城市的意义重大。这个浪潮还没有达到高峰，不过已经为期不远了。实际上，根据一些因素，在未来几年中迁移的势头会更猛烈。这些因素——和第一次迁移浪潮的因素一样——包括：

- 技术进步。通过远程通信、自由职业或者顾问，人们可以居住在他们喜欢的地方而从事着同样的职业。
- 公司的外部采购和部门的非中心化，使得公司都从大城市的市中心迁移到小城镇新的、小的、效率更高的生产车间。
- 运输成本的降低，使得企业不必接近消费者或者交通和通信枢纽，例如河流、铁路或者州际公路。
- 通信和交通的改善。
- 各种产业管制的放松，包括航空、电信和铁路。
- 全球化使公司能够缩小规模，应用新的技术提高生产力和服务水平——这又会吸引更多的公司把总部或者分支机构选在小城镇。
- 小城镇有储备的劳动力，是公司重新选址在小城镇的纽带。
- 在小城镇，企业的运营成本较低。
- 小城镇的生活成本低。
- 各种生活质量问题。

总而言之，以上这些因素使得第三次浪潮还会继续，规模会扩大而非减小的预言令人信服。更多的企业会因以上所列出的这些原因而选择小城镇，更多的人会在为谁而工作，以及为了工作居住在哪里做出真正的选择。这个浪潮利用了小城镇存在的机遇，并且创造了机遇，因此还会延续下去。

小城镇的发展意味着建设，因此，不难发现正经历着房地产的兴旺时期。看看表13.1有关房地产的增长情况。

小城镇的增长还意味着新的服务业的发展。人口增长会刺激新的工作增长来满足居民的需求。应用新的技术、积极进取的、明智的、遵循这本书所描述的秘诀的小城镇肯定会成为国家的兴旺之城。当然比起大城市它们仍然很小，但是它们现在和未来会成为婴儿潮一代和他们后代的理想生活之地。

表 13.1　1990~2000 年房地产的增长情况

美国	20.5%
大都市统计区	19.9%
非大都市统计区	22.7%
三个梅肯研究院的高新技术集群	12.4%
所有的乡村都市	29.2%
前 100 名乡村都市	34.6%

并不是每个人都适合

生活在小城镇不再是一个两难选择。它不是一个"要么生活在小城镇享受生活质量但是失去了工作，要么找到了工作但是没有生活在想居住的地方。"的问题。"拥有蛋糕并且可以吃到蛋糕"成为可能——生活在小城镇并且继续发展你的事业，因为新技术可以使更多的人在小城镇工作或者往返于小城镇。第三次浪潮既不是短期的，也不会很快消失；它将继续在未来改变美国人的生活面貌。

但这并不是说小城镇适合于每个人；生活在小城镇并不意味着你的生活会自动得到改善或者你会更幸福、更满意、更有收获。这些问题全看你个人，你愿意生活在哪里。小城镇有它的缺点：文化生活方面比较有限，至少是在多样化上；工资和收入比大城市低（虽然生活成本也低）；社会活动和服务有限等等。

当然，也有像电影"冷暖人间"中记录翔实的因素：在小城镇你生活中的微观层面。你认识很多人，在许多方面参与小城镇的事务；你生活得很舒适，因为这里没有秘密。在小城镇，每个人看起来都知道任何人和任何事。隐私是很少的。如果你是一个重视个人隐私的人，希望保守秘密，那么生活在小城镇你将不得不忍受一些不舒服。

并不是每个生活在城市或郊区的人明天都会背起行囊来到小城镇。但是对于一个理性的人来说却面临着前所未有的机遇，这是一个一生的机遇。那些喜欢小城镇慢节奏生活的人比以往有了更大的选择，他们可以生活在小城镇，但仍然在最适合他们的工作岗位上工作。

未来掌握在你手中

美国小城镇的未来掌握在生活在其中的人们手中。毫无疑问，为了发展，小城镇必须克服巨大的困难：缺乏资源、金融机构被几千英里之外的地方控制着、产业在衰退、区位不是太理想、气候也不利于吸引游客和企业。许多城镇同时面临着以上这些问题。

请注意这些问题并不都是可以解决的；也就是说，通过努力和工作并不能改变它们。但是你可以通过规划，最大化地减少它的对你的城镇的影响，在你能够控制的方面取得最大的胜利：态度、远见、领导、企业家精神、考虑风险以及建立你自己的品牌。致力于它们所能够控制的方面，采取第3章中所描述的"鹰"的精神——有远见，勇敢无畏的城镇就能够兴旺。鹰城吸引了寻求更好生活方式和更好居住区的人和企业。它们跟上技术进步的步伐，利用新的技术与过去告别，并且为未来架起了新的桥梁。

小城镇的光明未来是可以取得的。那些不遵循8个秘诀，不考虑导致第三次浪潮因素的小城镇肯定会被时代所抛弃。那些灵活地运用这些秘诀，理解了使小城镇兴旺的因素的城镇肯定会成为美国的兴旺之城。

这本书的一个主题思想就是能够使小城镇与众不同的个人的能力。作为婴儿潮一代，他们想过一种与众不同的生活，发现超越于物质财富的生活的意义。他们中的许多人发现在小城镇生活步骤较慢，和邻里之间有更多的交往，这就是一种真正的与众不同的感觉。

小城镇是人们能够找到更有意义、更满意生活的惟一地方吗？并不是这样。但是对于许多人来说，小城镇是自然进步的结果。大城市已经不再有更多的吸引力和诱惑，人们需要掘土、根植，生活在一个不再拥挤的、有更多田园的地方。美国的小城镇对许多人来讲具有很大的诱惑力。但并不是任何一个小城镇：是兴旺之城。是乡村都市。

乡村都市的生活：双赢选择

生活在乡村都市对于个人和类似的公司来讲——如果他们都愿意为自己的小城镇投资的话，是一个双赢的选择。公司选址在小城镇会因为前面讲到的那些原因而取得成功，包括较低的运营成本、运输成本的下降、有储备的劳动力、交通通信条件的改善。生活在小城镇的人会赢，因为那里较低的房价和财产税、较低的生活成本、较低的犯罪率，以及就空气和水质来讲比较好的环境。

美国的小城镇正处于关键时期。它们已经成为千百万公司和个人的理想热土——但是在物质方面，有还是没有是界线分明的。美国大多数小城镇都属于后者：没有。然而，这是美国历史上它们繁荣发展的最好时期，由于外部因素它们会继续繁荣和发展。

美国绝大多数兴旺之城——乡村都市极好地应用了8个秘诀而变得非常引人注目。这些秘诀是它们通向成功之门的钥匙。

附录 A

美国的乡村都市

在 研究过程中，我遇到了一些小城镇仿佛"沙堆中的金子"突出于美国大约 15800 个小城镇。我试图更好地理解为什么一些城镇不断增长，为它们的年轻人提供了更多的机遇，而为什么另外一些城镇却成为魔鬼之城，这就是本书写作意图的来源，这本书的意图就是想鉴别美国最好的小城镇。

选择方法

根据一些标准，我选择了美国位于前列的小城镇，然后缩小范围，最后列出了我所称作的"前 100 名的鹰城"。选择位于前列的小城镇既不容易也不快捷。第一个标准是小城镇属于非大都市统计区（记住，美国大都市统计区是指至少有一个人口超过 50000 人的中心城市，或者若该区域总人口达到或超过 10 万，并且有 50000 以上人口居住在人口调查局划定的城市化区域中，即使没有中心城市，也可划为都市区）。美国的 3142 个县中有 2320 个是非大都市统计区所在县。

第二个标准是县的人口统计指标。主要考虑人口、就业和人均收入增长情况。如果一个县的人口在增长，那表示至少县里的一些小城镇某些方面发展得好。

接下来，我寻求州经济发展部门的帮助，让它们根据前面两个标准，推荐一些不在我的名单中的县。我详细地研究这些县。根据最初的调查和我的研究，我把范围缩小到 771 个县。然后我对能代表这些县的部门进行第二步的更详细调查，包括商会、经济发展部门、市长或者城镇的管理者。

人口统计署对大都市统计区的定义

2000 年 11 月 27 日管理和预算局（OMB）在美国联邦公报上宣布采用新的标准定义大都市统计区。OMB 将在 2000 年人口普查中采用新的标准，在 2003 年中期宣布根据这些标准定义的大都市区。到那时，一个标准大都市统计区是根据人口在 50000 或者以上的城市化地区来定义的。

一个城市化地区是根据一个统计地理单位来定义的，它包括一个中心地区，通常是一个中心城市和人口密集的外围地区，总人口加起来至少是 50000 人，平均每平方英里人口密度至少是 1000 人。因此，一个城市即使人口在 50000 人以下，如果周围是人口密

> 集的地区，也可能被定义为一个大都市统计区。
>
> 根据这些新的定义标准，我们的397个乡村都市中的25个就成了大都市统计区，虽然其中只有3个中心城市的人口超过了50000人。我在新的标准宣布之前就已完成了对397个小城镇的研究。当我和同事继续寻求可能成为乡村都市的新城镇时，我们仍将遵循自己对乡村都市的定义，即至关重要的是人口在5万以下的兴旺的乡村城镇。

第二步的调查主要集中在8个秘诀上，给城镇一个机会让它们描述自己是如何运用这些秘诀实现增长和成功的。从这次调查以及我和同事所作的详尽研究和访谈所掌握的关于县和城镇的统计资料中，我选择了397个乡村都市。

通过对生活质量问题的深入研究、城镇网站、大量的访谈和对小城镇如何很好地应用8个秘诀的分析，我又从这个名单中挑选出了前100名的小城镇。我是根据可以度量的城镇成功的标准，以及城镇的成功和它应用这8个秘诀之间的密切的相关关系指标来选择前100名城镇的。

除了这8个秘诀外，我在选择前100名乡村都市时还考虑到了以下一些因素：

- 卫生保健
- 教育
- 休闲
- 文化
- 税收
- 生活成本
- 犯罪率
- 环境
- 气候
- 航空，高速公路和州际公路

位居前100名的金鹰城

前100名乡村都市——金鹰城（the Golden Eagles）——是美国小城镇的精华。它们不仅极好地应用了8个秘诀，而且在其他的一些关键领域也做得非常好，从而对城镇生活质量产生了重要的影响。这些领域包括卫生保健、教育、休闲、文化、税收、生活成本、犯罪率、环境、气候和交通的便捷性（航空、公路、州际公路）。这前100名乡村都市比其他的297个发展速度要快得多，它们在应用这8个秘诀上也比其他的城镇好得多。

表1~6是按区域列出的这100个城镇的名单。

表1　东部的金鹰城

州	乡村都市（2000年人口）	县
马里兰	Easton（11708）	托尔伯特
马里兰	Ocean City（7173）	伍斯特
缅因	Blue Hill（2390）	汉考克
缅因	Camden（3937）	诺克斯
缅因	Sanford（20806）	约克
新罕布什尔	Concord（40687）	梅里马克
新罕布什尔	Lebanon（12568）	格拉夫顿
宾夕法尼亚	E. Stroudsburg（9888）	门罗
弗吉尼亚	Harrisonburg（40468）	（独立城市）
弗吉尼亚	Rocky Mount（4066）	富兰克林
佛蒙特	Stowe（4339）	拉莫伊尔
西弗吉尼亚	Berkeley Springs（663）	摩根
西弗吉尼亚	Moorefield（2375）	哈迪

表2　东南部的金鹰城

州	乡村都市（2000年人口）	县
亚拉巴马	Clanton（7800）	奇尔顿
亚拉巴马	Eufaula（13908）	巴伯
亚拉巴马	Ft. Payne（12938）	德卡伯
佛罗里达	Apalachicola（2334）	富兰克林
佛罗里达	Sopchoppy（426）	沃库拉
佛罗里达	Vero Beach（17705）	印第安河
佐治亚	Brunswick（15600）	格林
佐治亚	Dawsonville（619）	道森
佐治亚	Douglas（10639）	科菲
佐治亚	Thomasville（18162）	托马斯
密西西比	Oxford（11756）	拉斐特
密西西比	Philadelphia（7303）	尼肖巴
密西西比	Picayune（10535）	珍珠河
北卡罗来纳	Hendersonville（10420）	亨德森

续表

州	乡村都市（2000年人口）	县
北卡罗来纳	Highlands（909）	梅肯
北卡罗来纳	Morehead city（7691）	卡特雷特
南卡罗来纳	Hilton Head Island（33862）	博福特
南卡罗来纳	Georgetown（8950）	乔治敦
南卡罗来纳	Newberry（10580）	纽贝里
田纳西	Spring Hill（7715）	莫里
田纳西	Crossville（8981）	坎伯兰
田纳西	Greenville（15198）	格林

表3　中西部的金鹰城

州	乡村都市（2000年人口）	县
艾奥瓦	Ames（50731）	斯托里
伊利诺伊	Marion（16035）	威廉森
印第安纳	Columbus（39059）	巴塞洛缪
印第安纳	Greencastle（9880）	帕特南
肯塔基	Bardstown（10374）	纳尔逊
肯塔基	Bowling Green（49296）	沃伦
密歇根	Hastings（7095）	巴里
密歇根	Petoskey（6080）	埃米特
密歇根	Mackinac Island（523）	麦基诺
密歇根	Traverse City（14532）	大特拉弗斯
密苏里	Branson（6050）	塔尼
密苏里	Camdenton（2779）	卡姆登
密苏里	Cape Girardeau（35349）	开普吉拉多
俄亥俄	Millersburg（3326）	霍姆斯
俄亥俄	Waverly（4433）	派克
威斯康星	Baraboo（10711）	索克
威斯康星	Dodgeville（4220）	艾奥瓦
威斯康星	Clintonville（4736）	沃帕卡
威斯康星	St. Croix Falls（2033）	波克
威斯康星	Whitewater（13437）	沃尔沃思

表 4　大平原地区的金鹰城

州	乡村都市（2000 年人口）	县
科罗拉多	Durango（13922）	拉普拉塔
科罗拉多	Glenwood Springs（7736）	加菲尔德
科罗拉多	Buena Vista（2195）	查菲
科罗拉多	Telluride（2221）	圣米格尔
科罗拉多	Vail（4531）	伊格尔
堪萨斯	Garden City（28451）	芬尼
堪萨斯	Liberal（19666）	苏厄德
蒙大拿	Bozeman（27509）	加拉廷
蒙大拿	Kalispell（14223）	弗拉特黑德
内布拉斯加	Kearney（27431）	布法罗
怀俄明	Gillette（19646）	坎贝尔
怀俄明	Jackson（8647）	蒂顿

表 5　西南部的金鹰城

州	乡村都市（2000 年人口）	县教区
阿肯色	Hot Springs（35730）	加兰
阿肯色	Mountain Home（11012）	巴克斯特
阿肯色	Paragould（22017）	格林
亚利桑那	Prescott（33938）	亚瓦佩
亚利桑那	Tombstone（1504）	科奇斯
路易斯安那	Hammond（17639）	坦吉帕霍阿
路易斯安那	Natchitoches（17865）	纳基托什
新墨西哥	Ruidoso（7698）	林肯
新墨西哥	Taos（4600）	陶斯
俄克拉何马	Durant（13549）	布赖恩
俄克拉何马	Guymon（10472）	得克萨斯
得克萨斯	Marble Falls（4959）	伯尼特
得克萨斯	Decatur（5201）	怀斯
得克萨斯	Eagle Pass（22413）	马弗里克
得克萨斯	Hillsboro（8232）	希尔
得克萨斯	Rockport（7385）	阿兰瑟斯

表 6　西部的金鹰城

州	乡村都市（2000 年人口）	县
加利福尼亚	Nevada City（3001）	内华达
加利福尼亚	San Juan Bautista（1549）	圣贝尼托城
爱达荷	Coeur d'Alence（34514）	库特内
爱达荷	Sun Valley（1427）	布莱恩
爱达荷	Sandpoint（6835）	邦纳
内华达	Carson City（52457）	独立城市
俄勒冈	Bend（52029）	德舒特
俄勒冈	Grants Pass（23003）	约瑟芬
犹他	Ephraim（4505）	桑皮特
犹他	Logan（42670）	卡什
犹他	Park City（7371）	萨米特
犹他	St. George（49663）	华盛顿
华盛顿	Clarkston（7337）	阿索廷
华盛顿	Colville（4988）	斯蒂文斯
华盛顿	Friday Harbor（1989）	圣胡安
华盛顿	Moses Lake（14953）	格兰特
华盛顿	Port Townsend（8334）	杰斐逊

成功的乡村都市

以下是很好地应用了这 8 个秘诀提高生活质量的乡村都市。它们只占到美国非大都市统计区城镇的 2.5%。和前 100 年名乡村都市一样是按州来划分的（金鹰城用粗体突出显示）。

表 7　东部的乡村都市

州	乡村都市（2000 年人口）	县
马萨诸塞	North Adams（14681）	伯克希尔
马里兰	Chestertown（4746）	肯特
马里兰	**Easton（11708）**	**托尔伯特**
马里兰	Leonardtown（1896）	圣玛丽斯

续表

州	乡村都市（2000年人口）	县
马里兰	Ocean City（7173）	伍斯特
马里兰	Salisbury（23743）	怀科米科
缅因	Belfast（6381）	沃尔多
缅因	Blue Hill（2390）	汉考克
缅因	New Gloucester（4803）	坎伯兰
缅因	Camden（3934）	诺克斯
缅因	Rumford（6472）	牛津
缅因	Sanford（20806）	约克
缅因	Waterville（15605）	肯纳贝克
缅因	Wiscasset（3603）	林肯
新罕布什尔	Concord（40687）	梅里马克
新罕布什尔	Keene（22563）	切希尔
新罕布什尔	Lebanon（12568）	格拉夫顿
纽约	Corning（6426）	施托本
纽约	Lake Placid（2638）	埃塞克斯
纽约	Ithaca（29287）	汤普金斯
纽约	Cooperstown（2032）	奥齐戈
宾夕法尼亚	E. Stroudsburg（9888）	门罗
宾夕法尼亚	Lewisburg（5620）	尤宁
宾夕法尼亚	Wellsboro（3328）	泰奥加
弗吉尼亚	Blacksburg（39573）	蒙哥马利
弗吉尼亚	Harrisonburg（40468）	（独立城市）
弗吉尼亚	Middletown（1015）	弗雷德里克
弗吉尼亚	Rock Mount（4066）	富兰克林
佛蒙特	Brattleboro（12005）	温德姆
佛蒙特	Middlebury（8183）	艾迪生
佛蒙特	Montpelier（8035）	华盛顿
佛蒙特	Stowe（4339）	拉莫伊尔
佛蒙特	White River Junction（2569）	温莎
西弗吉尼亚	Berkeley Springs（663）	摩根
西弗吉尼亚	Moorefield（2375）	哈迪
西弗吉尼亚	Morgantown（26809）	莫农盖利亚
西弗吉尼亚	Oak Hill（7589）	费耶特

表 8　东南部的乡村都市

州	乡村都市（2000 年人口）	县
亚拉巴马	Brewton（5489）	埃斯坎比亚
亚拉巴马	Clanton（7800）	奇尔顿
亚拉巴马	Cullman（13995）	卡尔曼
亚拉巴马	Double Springs（1003）	温斯顿
亚拉巴马	**Eufaula（13908）**	**巴伯**
亚拉巴马	Ft. Payne（12938）	迪卡布尔
亚拉巴马	Greensboro（2731）	黑尔
亚拉巴马	Russellville（8971）	富兰克林
亚拉巴马	Scottsboro（14762）	杰克逊
亚拉巴马	Talladega（15143）	塔拉迪加
佛罗里达	**Apalachicola（2334）**	**富兰克林**
佛罗里达	Bronson（964）	莱维
佛罗里达	Chipley（3592）	华盛顿
佛罗里达	Clewiston（6460）	亨德里
佛罗里达	De Funiak Springs（5089）	沃尔顿
佛罗里达	Key West（25478）	门罗
佛罗里达	Lake City（9980）	哥伦比亚
佛罗里达	Moore Haven（1635）	格莱兹
佛罗里达	Okeechobee（5376）	奥基乔比
佛罗里达	Sopchoppy（426）	沃库拉
佛罗里达	**Vero Beach（17705）**	**印第安河**
佐治亚	Blairsville（659）	尤宁
佐治亚	Blue Ridge（1210）	范宁
佐治亚	Brunswick（15600）	格林
佐治亚	Calhoun（10667）	戈登
佐治亚	Dalton（27912）	怀特菲尔德
佐治亚	**Dawsonville（619）**	**道森**
佐治亚	Douglas（10639）	科菲
佐治亚	Eatonton（6764）	帕特南
佐治亚	Hinesville（30392）	利伯蒂

续表

州	乡村都市（2000 年人口）	县
佐治亚	Jackson（3934）	巴茨
佐治亚	Jefferson（3825）	杰克逊
佐治亚	Lavonia（1827）	富兰克林
佐治亚	Monticello（2428）	贾斯珀
佐治亚	Moultrie（14387）	科尔奎特
佐治亚	Nahunta（930）	布兰特利
佐治亚	St. Mary's（13761）	卡姆登
佐治亚	Statesboro（22698）	布勒克
佐治亚	Thomaston（9411）	阿普森
佐治亚	Thomasville（18162）	托马斯
佐治亚	Gainesville（25578）	霍尔
密西西比	Collins（2683）	卡温顿
密西西比	Forest（5987）	斯科特
密西西比	Kosciusko（7372）	阿塔拉
密西西比	Lucedale（2458）	乔治
密西西比	Oxford（11756）	拉斐特
密西西比	Philadelphia（7303）	尼肖巴
密西西比	Picayune（10535）	珍珠河
密西西比	Pontotoc（5253）	庞托托克
密西西比	Starkville（21869）	奥克蒂比哈
密西西比	Tupelo（34211）	利
密西西比	Vicksburg（26407）	沃伦
北卡罗来纳	Boone（13472）	沃托加
北卡罗来纳	Brevard（6789）	特兰西瓦尼亚
北卡罗来纳	Columbus（992）	波克
北卡罗来纳	Dunn（9196）	哈尼特
北卡罗来纳	Edenton（5394）	乔万
北卡罗来纳	Elizabethtown（3698）	布莱登
北卡罗来纳	Hendersonville（10420）	亨德森
北卡罗来纳	Highlands（909）	梅肯
北卡罗来纳	Kitty Hawk（2991）	戴尔
北卡罗来纳	Mooresville（18823）	艾尔德尔

续表

州	乡村都市（2000年人口）	县
北卡罗来纳	Morehead City（7691）	卡特雷特
北卡罗来纳	Murphy（1568）	切罗基
北卡罗来纳	New Bern（23128）	克雷文
北卡罗来纳	Oxford（8338）	格兰维尔
北卡罗来纳	Pinehurst（9706）	穆尔
北卡罗来纳	Sanford（23220）	利
北卡罗来纳	Sylva（2435）	杰克逊
北卡罗来纳	Wilkesboro（3159）	威尔克斯
北卡罗来纳	Wilson（44404）	威尔逊
南卡罗来纳	Abbeville（5840）	阿比维尔
南卡罗来纳	Hilton Head Island（33862）	博福特
南卡罗来纳	Cheraw（5524）	切斯特菲尔德
南卡罗来纳	George town（8950）	乔治敦
南卡罗来纳	Newberry（10580）	纽贝里
南卡罗来纳	Orangeburg（12765）	奥兰治堡
南卡罗来纳	Ridgeland（2518）	贾斯珀
田纳西	Cleveland（37192）	布拉德利
田纳西	Spring Hill（7715）	莫里
田纳西	Cookeville（23923）	帕特南
田纳西	Crossville（8981）	坎伯兰
田纳西	Fairview（5800）	斯科特
田纳西	Greenville（15198）	格林
田纳西	La Follette（7926）	坎贝尔
田纳西	Lexington（7393）	亨德森
田纳西	Lynchburg（5740）	穆尔
田纳西	Newport（7242）	科克
田纳西	Pairs（9763）	亨利
田纳西	Pulaski（7871）	贾尔斯
田纳西	Rutledge（1187）	格伦杰
田纳西	Sweetwater（5586）	门罗
田纳西	Tazewell（2165）	克莱伯恩

表9 中西部的乡村都市

州	乡村都市（2000年人口）	县
艾奥瓦	**Ames（50731）**	**斯托里**
艾奥瓦	Hawarden（2478）	苏
艾奥瓦	Marengo（2535）	艾奥瓦
艾奥瓦	Mason City（21972）	塞罗戈多
艾奥瓦	Newton（15579）	贾斯珀
艾奥瓦	Osceola（4629）	克拉克
艾奥瓦	Pella（9832）	马里恩
艾奥瓦	Spirit Lake（4261）	迪金森
艾奥瓦	Winterset（4768）	麦迪逊
伊利诺伊	Danville（33904）	弗米利恩
伊利诺伊	Effingham（12384）	埃芬汉
伊利诺伊	Galena（3460）	乔戴维斯
伊利诺伊	Galesburg（33709）	诺克斯
伊利诺伊	**Marion（16035）**	**威廉森**
伊利诺伊	Mattoon（18291）	科莱斯
伊利诺伊	Mt. Vernon（16269）	杰斐逊
伊利诺伊	Nauvoo（1063）	汉考克
伊利诺伊	Paris（9077）	埃德加
伊利诺伊	Peru（9835）	拉萨尔
伊利诺伊	Quincy（40366）	亚当斯
伊利诺伊	Robinson（6822）	克劳福德
伊利诺伊	Tuscola（4448）	道格拉斯
印第安纳	Brookville（2652）	富兰克林
印第安纳	Columbus（39059）	巴索洛缪
印第安纳	**Greencastle（9880）**	**帕特南**
印第安纳	Greensburg（10260）	迪凯特
印第安纳	Jasper（12100）	杜波依斯
印第安纳	Kendallville（9616）	诺布尔
印第安纳	Lagrange（2919）	拉格兰奇
印第安纳	Nashville（825）	布朗

附录 A　　127

续表

州	乡村都市（2000 年人口）	县
印第安纳	North Vernon（6515）	詹宁斯
印第安纳	Princeton（8175）	吉布森
印第安纳	Santa Claus（2041）	斯潘塞
印第安纳	Seymour（18101）	杰克逊
印第安纳	Tell City（7845）	佩里
印第安纳	Warsaw（12415）	科西阿斯科
肯塔基	Albany（2220）	克林顿
肯塔基	Bardstown（10374）	纳尔逊
肯塔基	Bowling Green（49296）	沃伦
肯塔基	Elizabethtown（22542）	哈丁
肯塔基	Glasgow（13019）	巴伦
肯塔基	Lancaster（3734）	加勒德
肯塔基	Lebanon（5718）	马里恩
密歇根	Ahmeek（157）	基威诺
密歇根	Big Rapids（10849）	米科斯塔
密歇根	Cadillac（10000）	韦克斯福德
密歇根	Charlevoix（2994）	沙勒沃伊
密歇根	Cheboygan（5295）	希博伊根
密歇根	Coldwater（12697）	布兰奇
密歇根	Gaylord（3681）	奥奇戈
密歇根	Greilickville（1415）	利勒诺
密歇根	Hastings（7095）	巴里
密歇根	Ludington（8357）	梅森
密歇根	Mount Pleasant（25946）	伊莎贝拉
密歇根	Petoskey（6080）	埃米特
密歇根	Sault St. Marie（16542）	奇珀瓦
密歇根	Mackinac Island（523）	麦基诺
密歇根	Traverse City（14532）	大特拉弗斯
密歇根	West Branch（1926）	奥格马
明尼苏达	Alexandria（8820）	道格拉斯
明尼苏达	Bemidji（11917）	贝尔特拉米
明尼苏达	Brainerd（13178）	克罗温

续表

州	乡村都市（2000年人口）	县
明尼苏达	Dodge Center（2226）	道奇
明尼苏达	Fergus Falls（13471）	奥特泰尔
明尼苏达	Grand Marsais（1353）	库克
明尼苏达	Hutchinson（13080）	麦克劳德
明尼苏达	Park Rapids（3276）	哈伯德
明尼苏达	Pine City（3043）	派恩
明尼苏达	Red Wing（16116）	古德休
明尼苏达	Walker（1069）	卡斯
明尼苏达	Winona（27069）	威诺纳
密苏里	Branson（6050）	塔尼
密苏里	Camdenton（2779）	卡姆登
密苏里	Cape Girardeau（35349）	开普吉拉多
密苏里	Farmington（13924）	圣弗朗西斯
密苏里	Hannibal（17757）	马里恩
密苏里	Jefferson City（39636）	科尔
密苏里	Kimberling City（2253）	斯通
密苏里	Lebanon（12155）	拉克利德
密苏里	Monett（7396）	巴里
密苏里	Rolla（16367）	费尔普斯
密苏里	Sedalia（20339）	佩蒂斯
密苏里	Ste. Genevieve（4476）	圣吉纳维英
密苏里	West Plains（10866）	亳厄尔
俄亥俄	Celina（10303）	默瑟
俄亥俄	Chillicothe（21796）	罗斯
俄亥俄	Findley（38967）	汉考克
俄亥俄	Millersburg（3326）	霍姆斯
俄亥俄	Orrville（8551）	韦恩
俄亥俄	Van Wert（10690）	范沃特
俄亥俄	Waverly（4433）	派克
俄亥俄	Wilmington（11921）	克林顿
威斯康星	Arbor Vitae（3153）	韦勒斯
威斯康星	Baraboo（10711）	索克

续表

州	乡村都市（2000 年人口）	县
威斯康星	Beaver Dam（15169）	道奇
威斯康星	Dodgeville（4220）	艾奥瓦
威斯康星	Fond du Lac（42203）	韦迪拉克
威斯康星	Grantsburg（1369）	伯内特
威斯康星	Hayward（2129）	索耶
威斯康星	Menominie（14937）	邓恩
威斯康星	Clintonville（4736）	沃帕卡
威斯康星	Rhinelander（7735）	奥奈达
威斯康星	Shell Lake（1309）	沃什本
威斯康星	St. Croix Falls（2033）	波克
威斯康星	Stevens Point（24551）	波蒂奇
威斯康星	Sturgeon Bay（9437）	多尔
威斯康星	Waterloo（3259）	杰斐逊
威斯康星	Whitewater（13437）	沃尔沃思

表 10　大平原地区的乡村都市

州	乡村都市（2000 年人口）	县
科罗拉多	Crested Butte（1529）	甘尼森
科罗拉多	Breckenridge（2408）	萨米特
科罗拉多	Central City（515）	吉尔平
科罗拉多	Cortez（7977）	蒙特苏马
科罗拉多	Creeede（377）	米纳勒尔
科罗拉多	Delta（6400）	德尔塔
科罗拉多	Durango（13922）	拉普拉塔
科罗拉多	Elizabeth（1434）	埃尔伯特
科罗拉多	Glenwood Springs（7736）	加菲尔德
科罗拉多	Hot Sulphur Springs（521）	格兰德
科罗拉多	Montrose（12344）	蒙特罗斯
科罗拉多	Pagosa Springs（1591）	阿丘利塔
科罗拉多	Buena Vista（2195）	查菲
科罗拉多	Steamboat Springs（9815）	劳特

续表

州	乡村都市（2000年人口）	县
科罗拉多	Telluide（2221）	圣米格尔
科罗拉多	Vail（4531）	伊格尔
堪萨斯	Abilene（6543）	迪金森
堪萨斯	Alma（797）	沃邦西
堪萨斯	Dodge City（25176）	福特
堪萨斯	Garden City（28451）	芬尼
堪萨斯	Liberal（19666）	苏厄德
堪萨斯	McPherson（13770）	麦克弗森
堪萨斯	Salina（45679）	萨林
蒙大拿	Bozeman（27509）	加拉廷
蒙大拿	Columbus（1748）	斯蒂尔沃特
蒙大拿	Hamilton（3705）	拉瓦利
蒙大拿	Helena（25780）	刘易斯和克拉克
蒙大拿	Kalispell（14223）	弗拉特黑德
蒙大拿	Livingston（6851）	帕克
蒙大拿	Red Lodge（2177）	卡本
蒙大拿	Townsend（1867）	布罗德沃特
北达科他	Minot（36567）	沃德
北达科他	Rolla（1417）	罗莱特
内布拉斯加	Grand Island（42940）	霍尔
内布拉斯加	Kearney（27431）	布法罗
内布拉斯加	Norfolk（23516）	麦迪逊
内布拉斯加	Sidney（6282）	夏延
南达科他	Aberdeen（24658）	布朗
南达科他	Brookings（18504）	布鲁金斯
南达科他	Elk Point（1714）	尤宁
南达科他	Pierre（13876）	休斯
南达科他	Sturgis（6442）	米德
南达科他	Watertown（20237）	科丁顿
南达科他	Yankton（13528）	扬克顿
怀俄明	Buffalo（3900）	约翰逊
怀俄明	Cody（8835）	帕克

续表

州	乡村都市（2000年人口）	县
怀俄明	Gillette （19646）	坎贝尔
怀俄明	Jackson （8647）	蒂顿
怀俄明	Lander （6867）	弗里蒙特
怀俄明	Sheridan （15804）	谢里登

表11　西南部的乡村都市

州	乡村都市（2000年人口）	县教区
阿肯色	Arkadelphia （10912）	克拉克
阿肯色	Clarksville （7719）	约翰逊
阿肯色	Clinton （2283）	范比伦
阿肯色	Harrison （12152）	布恩
阿肯色	Hot Springs （35750）	加兰
阿肯色	Mena （5637）	波克
阿肯色	Mount Ida （981）	蒙哥马利
阿肯色	Mountain Home （11012）	巴克斯特
阿肯色	Mountain View （2876）	斯通
阿肯色	Murfreesboro （1764）	派克
阿肯色	Paragould （22017）	格林
阿肯色	Russellville （23682）	波普
阿肯色	Searcy （18928）	怀特
亚利桑那	Eagar （4033）	阿帕奇
亚利桑那	Globe （7486）	希拉
亚利桑那	Prescott （33938）	亚瓦佩
亚利桑那	Tombstone （1504）	柯奇士
亚利桑那	Snowflake （4460）	纳瓦霍
亚利桑那	Thatcher （4022）	格雷厄姆
路易斯安那	Hammond （17639）	坦吉帕霍阿
路易斯安那	Natchitoches （17865）	纳基托什
路易斯安那	New Iberia （32623）	伊比利亚
路易斯安那	Oakdale （8137）	艾伦
路易斯安那	Plaquemine （7064）	艾伯维尔

续表

州	乡村都市（2000年人口）	县教区
新墨西哥	Espanola（9688）	里奥阿里巴
新墨西哥	Estancia（1584）	托兰斯
新墨西哥	Farmington（37844）	圣胡安
新墨西哥	Gallup（20209）	麦金利
新墨西哥	Grants（8806）	锡沃拉
新墨西哥	拉斯维加斯（14565）	圣米格尔
新墨西哥	Ruidosa（7698）	林肯
新墨西哥	Silver City（10545）	格兰特
新墨西哥	Taos（4700）	陶斯
新墨西哥	Truth of Consequences（7289）	谢拉
俄克拉何马	Durant（13549）	布赖恩
俄克拉何马	Guymon（10472）	得克萨斯
俄克拉何马	Jay（2482）	特拉华
俄克拉何马	Madill（3410）	马歇尔
俄克拉何马	Pryor（8659）	梅斯
俄克拉何马	Stillwater（39065）	佩恩
俄克拉何马	Stilwell（3276）	阿代尔
得克萨斯	Marble Falls（4959）	伯内特
得克萨斯	Corsicana（24485）	纳瓦罗
得克萨斯	Decatur（5201）	怀斯
得克萨斯	Eagle Pass（22413）	马弗里克
得克萨斯	Hillsboro（8232）	希尔
得克萨斯	Jasper（8247）	贾斯珀
得克萨斯	Kerrville（20425）	克尔
得克萨斯	Llano（3325）	拉诺
得克萨斯	Mt. Pleasant（13935）	泰特斯
得克萨斯	Pleasanton（8266）	阿塔斯科萨
得克萨斯	Rockport（7385）	阿兰瑟斯
得克萨斯	Shepherd（2029）	圣哈辛托
得克萨斯	Stephenville（14921）	伊拉斯
得克萨斯	Uvalde（14929）	尤瓦尔迪

表 12　西部的乡村都市

州	乡村都市（2000 年人口）	县
阿拉斯加	Dillingham（2466）	迪灵汉人口普查区
阿拉斯加	Juneau（30711）	朱诺自治市
阿拉斯加	North Pole（1570）	东南费尔班克斯人口普查区
加利福尼亚	Colusa（5402）	科卢萨
加利福尼亚	Eureka（26128）	洪堡
加利福尼亚	Nevada City（3001）	内华达
加利福尼亚	San Juan Bautista（1549）	圣贝尼托城
加利福尼亚	Lakeport（4820）	莱克
加利福尼亚	Red Bluff（13147）	蒂黑马
加利福尼亚	Ukiah（15497）	门多西诺
加利福尼亚	Yreka（7290）	锡斯基尤
爱达荷	Bonners Ferry（2515）	邦德里
爱达荷	Coeur d'Alene（34514）	库特内
爱达荷	Gooding（3384）	古丁
爱达荷	Horseshoe Bend（770）	博伊西
爱达荷	Jerome（7780）	杰罗姆
爱达荷	Sun Valley（1427）	布莱恩
爱达荷	McCall（2084）	瓦利
爱达荷	Moscow（21291）	莱托
爱达荷	Payette（7054）	佩埃特
爱达荷	Rexburg（17257）	麦迪逊
爱达荷	Sandpoint（6835）	邦纳
爱达荷	Twin Falls（34469）	特温福尔斯
内华达	Carson City（52457）	（独立城市）
内华达	Elko（16708）	埃尔科
内华达	Fallon（7536）	丘吉尔
内华达	Minden（2836）	道格拉斯
内华达	Winnemucca（7174）	洪堡
内华达	Yerington（2883）	莱昂
俄勒冈	Astoria（9813）	克拉特索普

续表

州	乡村都市（2000年人口）	县
俄勒冈	Baker City （9860）	贝克
俄勒冈	Bend （52029）	德舒特
俄勒冈	Grants Pass （23003）	约瑟芬
俄勒冈	Klamath Falls （19462）	克拉马斯
俄勒冈	Lincoln City （7437）	林肯
俄勒冈	Prineville （7356）	克鲁克
俄勒冈	Tillamook （4352）	蒂拉穆克
犹他	Cedar City （20527）	艾恩
犹他	Ephraim （4505）	圣皮特
犹他	Heber City （7291）	沃萨奇
犹他	Logan （42670）	卡什
犹他	Moab （4779）	格兰德
犹他	Panguitch （1623）	加菲尔德
犹他	Park City （7371）	萨米特
犹他	St. George （49663）	华盛顿
华盛顿	Clarkston （7337）	阿索廷
华盛顿	Colville （4988）	史蒂文斯
华盛顿	Friday Harbor （1989）	圣胡安
华盛顿	Leavenworth （2074）	奇兰
华盛顿	Moses Lake （14953）	格兰特
华盛顿	Mt. Vernon （26232）	斯卡吉特
华盛顿	Port Angeles （18397）	克拉勒姆
华盛顿	Port Townsend （8334）	杰斐逊
华盛顿	East Wenatchee （5757）	道格拉斯

附录 B

具有地方特色的小城镇

成功地培育了地方特色的城镇在地方甚至全国都有知名度。下面是对一些城镇的大致分类,这些城镇因为旅游或者适合居住的原因或许会出名。同时有一些例子。

旅游

肯塔基州的 Bardstown,宣称自己是历史的重现地。它利用内战、火车、波旁酒酿酒厂和早期的天主教堂发展了一系列旅游景点。其中的一个景点是斯蒂芬·科林斯·福斯特(Stephen C. Foster)的出生地,他是民歌《家园故老》的作者。

马里兰州的 Ocean City,形成于 1875 年。它从一个小渔村变成了一个海滨度假胜地。拥有 10 英里的大西洋海岸、一个 3 英里的木板路和国家救生博物馆,这个海滨城市吸引了无数休闲度假的游客。

其他的旅游业发展比较好的城镇有:

- 南加利福尼亚州的 Georgetown,因为它是历史上的海港。
- 阿肯色州的 Mountaion Home,有很多的湖泊,能够到达 Ozark 国家森林公园。
- 佛罗里达州的 Vero Beach,在黄金海岸线上,有 18 个高尔夫球场,是洛杉矶道奇队的春季训练基地。
- 纽约州的 Cooperstown,每年吸引 30 万名游客来参观国家棒球博物馆。
- 北卡罗来纳州的 Kitty Hawk,是"航空发源地",因为怀特兄弟在那里进行了第一次飞行,是一个夏季旅游胜地。

休闲

得克萨斯州的 Rockport,是垂钓者、观鸟者和海滨度假者的休闲胜地。每年的鸣鹤和蜂雀的迁徙吸引了数以万计的游客。它还迅速发展成了艺术家的圣地,提供的康乐设施是城镇规模的 2~3 倍。

蒙大拿州的 Bozeman,吸引了全世界的垂钓运动爱好者来这里锻炼他们的技术,在附近的麦迪逊、加拉廷和黄石瀑布有大量的褐鳟、虹鳟以及各种凶残的鳟鱼。

西弗吉尼亚州的 Berkeley Springs,因为 Potomac 河上的水上泛舟运动而出名。

佛蒙特州的 Stowe，吸引了全国各地的滑学爱好者和登山爱好者。

威斯康星州的 St. Croix Falls，有全年的各种户外休闲娱乐项目，包括划独木舟、野营、滑雪和雪橇运动。

音乐和艺术

阿肯色州 Hot Springs 举办的音乐节有世界级的交响乐团、合唱团、指挥，也有有天赋的学员。在为期两周的音乐节上，这些音乐家举行了 23 场音乐会、250 多场排练，吸引了世界各国的音乐爱好者。

犹他州的 Park City 举办国际著名的圣丹斯电影节。

华盛顿州的 Port Townsend 位于奥林匹克山的阴影之下，每年只有 18 英寸的降雨量。这个历史上著名的海港吸引了大量的在艺术上有创作灵感的人，也成为了宁静生活的小城镇。

以户外公园演奏会著称的小城镇有爱达荷州的 Sandpoint、新墨西哥州的 Taos、马里兰州的 Easton。举办有影响力的艺术和音乐活动的小城镇有爱达荷州的 Sun Valley、密西西比州的牛津、新罕布什尔州的 Hanover、缅因州的 Camden、科罗拉多州的 Salida、亚利桑那州的 Bisbee、蒙大拿州的 Flathead Valley、新墨西哥州的 Ruidoso 和路易斯安那州的 Natchitoches。

独特的活动项目

科罗拉多州的 Telluride 在每年的 7 月举办休闲节。一年中有一个星期计划不做任何事，让当地的居民尽情享受这个季节美好的自然景色。

马里兰州的 Leonardtown 每年的 10 月举办圣玛丽（St. Mary）县牡蛎节。这个节日以及国家剥牡蛎冠军赛（获胜者将参加爱尔兰的世界比赛）和国家牡蛎烹饪大赛吸引了 50000 多名游客。

加利福尼亚州的 Hollister 宣称自己是美国人贝克（Biker）的出生地。这个地方有一个著名的事件，以这个事件为题材的电影"飞车党"风靡一时。为了纪念美国人贝克，每年 7 月的第一个星期天举办独立集会节。

犹他州的 Ephraim 每年 5 月举办斯堪的纳维亚节来纪念这个地区早期的居民以及继承他们的传统。Ephraim 被称为小丹麦。

伊利诺伊州的 Mattoon 是兰德硬面包圈的故乡，它声称自己是世界硬面包圈的首都。在每年 7 月末的硬面包圈节上，有世界最大的硬面包圈早餐（免费的）。

前 100 名小城镇中的 3 个举办全美汽车比赛协会的年赛，吸引了世界各地的爱好者。这些城镇和他们的比赛项目是：
- 宾夕法尼亚州的 Long Pond（Pocono 站国际比赛）
- 亚拉巴马州的 Talladega（塔拉德加高速赛道）
- 新罕布什尔州的 Loudon（新罕布什尔跑道摩托车赛）

退休生活之处

密歇根州的 Petoskey 位于密歇根湖泊的湖岸上，人口从 7200 人猛增到夏季的 25000 人，它是许多度假者的第二个故乡。

路易斯安那州的 Natchitoches 是 1714 年红河河岸上的一个法国贸易港。它的许多老房子和种植园都是电影《钢木兰》的拍摄景地，这部电影是由当地的作者罗伯特·哈林（Robert Harling）写的。如今，它的较低的生活成本、著名的小艺术城镇和宁静的环境已经成为退休者理想的家园。

其他适合退休者生活居住地的城镇有：缅因州的 Camden、得克萨斯州的 Marble Falls、新墨西哥州的 Ruidoso、亚利桑那州的 Prescott、佛罗里达州的 Beach 和 Key West。

制造业

田纳西州的 Spring Hill 因为土星汽车的电视广告而出名。它是一个工资很高、员工工作条件非常好的制造业城镇。目前，土星公司雇佣了 7000 多名员工。

新罕布什尔州的 Keene 有国内仅有的两家超精度机床工具生产厂。应用这些工具生产车间能生产出精度在毫微米的产品——寿命可以达到几十年的汽车和家用的高科技灯，应用范围从耳科诊断到激光打印机、激光光学仪器以及矫正严重眼角膜损伤的镜头。其中一个公司年收益达 2000 万美元，在过去的 3 年中销售额增长了 3 倍；另一家公司在 2003 年收益增加到了 700 万。这两家公司投资了一个尖端技术产业，很有潜力会把 Keene 变成高新技术中心。

佐治亚州的多尔顿刚开始并不是世界的地毯之都。它的地毯产业始于 20 世纪 90 年代早期，当时有一个道尔顿的年轻的农村女孩仿照殖民地时期的艺术，用丛毛法编制了一个床罩。从床罩到地毯又到上个世纪 50 年代的机器、新技术、印染方法的改良，使得丛毛编制地毯产业在道尔顿扎下了根。这些进步都是道尔顿的企业家完成的。

印第安纳州的 Greencastle 在 1986 年遭受了打击，当时国际商用机器公司宣布关闭了一家在当地的工厂。Greencastle 很快成立了一个地方经济发展组织来帮助城镇复兴——以防未来的打击。自从 1999 年以来，Greencastle 吸引了 11 家工厂和销售公司，共投资了 1500 万美元用于建立新的工厂、现有工厂的扩张和购买新的设备。

得克萨斯州的 Eagle Pass 在 20 世纪 80 年代早期处于崩溃的边缘。如今随着加入北美自由贸易区和一系列出口加工工厂（进行零部件的组装加工并出口的外企）的建立，这个兴旺之城走在了国际贸易的前列。它为边境两边的居民提供了很多就业机会。

内华达州的 Carson City 被称为内华达州的制造业中心，因为这里的 150 个工厂雇佣了当地 1/6 的居民。它和生活成本较高的加利福尼亚州相邻，这对 Carson City 来说是非常有利的条件。

肯塔基州的 Bowling Green 有国家小型护卫舰博物馆。自从 1982 年以来，所有的小型护卫舰都是在这里生产的。

高科技

附近有一所高水平的大学，能更好地吸引到高科技公司，而这些公司需要有科技背景的劳动力。如今这种高技术环境对于城镇来讲是至关重要的。下面是一些高技术小城镇的例子。

密苏里州的 Rolla 有密苏里大学，这是一所顶级的机械学校。目前城镇发展了很多的企业，这些企业都开始于大学，像布尔科学（Brewer Science）公司、Mosici 公司（都是由大学教授创办的）。Rolla 还能吸引到新的企业，因为它拥有大量从大学毕业的机械专业的学生。

俄亥俄州的 Orrville：斯马克的家乡

正如传说中的那样，约翰·查普曼（John Chapman）——更为人知的是约翰的苹果树苗——在 19 世纪早期游历在俄亥俄的乡间，种植苹果树苗。Orrville 的居民杰罗姆·门罗·斯马克（Jerome Monroe Smucker）于 1897 年开办了一个作坊，压榨了第一批苹果汁，所使用的苹果就是来自约翰的苹果树苗。

斯马克从一个苹果汁压榨作坊发展成为一个有 2000 多名员工的世界知名的公司。J. M. 斯马克公司生产果酱制品、冰淇淋奶油、健康和天然食品、饮料和花生黄油，它有 12 个生产工厂，产品远销到 70 多个国家。

它仍然是家族式管理，公司总部还在 Orrville。蒂姆·斯马克（Tim Smucker）和理查德·斯马克（Richard Smucker）同时掌管着公司，他说，"我们知道作为一名好的公民是

> 很重要的，不管你是一个人还是一个公司。我们认为我们是城镇的一名很好的成员。"斯马克公司有很长的和城镇合作的历史，它们一起努力建设学校、图书馆、大学和城镇本身。回报城镇的做法使得它和城镇成为很好的合作伙伴，把 Orrville 变为了著名的小城镇。

弗吉尼亚州的 Blaksburg 有弗吉尼亚高技术园和技术创新的悠久历史。在弗吉尼亚科技园的基础上又发展了 Blacksburg 电子村。它是一个从事与互联网相关服务的公司。目前，城镇 87% 的居民都使用互联网，是美国互联网使用率最高的地方。

艾奥瓦州的 Ames 不仅有艾奥瓦州立大学，还有一系列世界著名的农业产业公司：艾奥瓦州希望把它从美国的玉米带（艾奥瓦州的玉米产量是美国最高的）变为世界生命科学的研究中心。自从 1998 年以来，农业产业公司已经在新的技术领域投资了 14 亿美元。

医疗

小城镇一般来讲不会因为它的医疗机构而出名。但是，也有一些例外，它们是：

明尼苏达州的 Rochester 以梅奥诊所著名，这是世界最知名的医疗诊所。因为梅奥诊所的成功，Rochester 从一个乡村小镇变成了一个大都市。

新罕布什尔州的 Lebanon 有两个知名的医疗机构：达特茅斯-希契科克医学中心和艾丽丝·派克纪念医院。达特茅斯是美国历史上建立时间排名第四的医科大学，它是美国最好的癌症治疗和研究中心。在只有 13000 人的 Lebanon 小城，医疗机构就雇佣了 6000 名员工。

田纳西州的 Columbia 有莫里地方医院，这是一个地方非盈利医院。它是田纳西州纳什维尔和阿拉巴马州之间任何其他医院规模的两倍，医院雇佣了 2000 名员工。

密歇根州 Traverse 城的 Munson 医疗保健中心是城镇最大的企业和区域的医疗系统中心。医院有 350 多名专科医生，为密歇根州北部 24 个县提供服务。

俄勒冈州的 Bend 有 St. 查尔斯医疗中心。这是一个地区级的医院，也是这个州最大的医疗机构。它的整形外科、心脏病和产科在世界上很有名。

南达科他州的 Yankton 受益于 Avera Sacred 心脏病医院和南达科他人力服务中心——Mickelson 神经系统科学中心，这个中心的服务范围涉及到多个州。这两个机构雇佣了 1500 多名员工。

教育

对美国前 100 名小城镇的研究，也许最令人惊讶的是它们很少有四年制的大学。在这 100 个乡村都市中，只有 17 个有四年制的学院或大学。他们是：

- 艾奥瓦州的 Ames（艾奥瓦州立大学）
- 南加利福尼亚州的 Beaufort（南加利福尼亚－波弗特大学）
- 肯塔基州的 Bowling Green（西肯塔基大学）
- 蒙大拿州的 Bozeman（蒙大拿州州立大学）
- 密苏里州的 Cape Girardeau（东南密苏里州立大学）
- 科罗拉多州的 Durango（Fort－Lewis 学院）
- 宾夕法尼亚州的 East Stroudsburge（东 Stroudsburg 州立大学）
- 印第安纳州的 Greencastle（DePauw 大学）
- 新罕布什尔州的 Hanover（达特茅斯学院）
- 弗吉尼亚州的 Harrisonburg（东门诺派大学和詹姆斯麦迪逊大学）
- 内布拉斯加州的 Kearney（Kearney 内布拉斯加大学）
- 犹他州的 Logan（犹他州州立大学）
- 路易斯安那州的 Natchitoches（西北州立大学）
- 密西西比州的牛津（密西西比大学）
- 亚利桑那州的 Sierra Vista（南亚利桑那大学）
- 威斯康星州的 Whitewater（威斯康星－怀特沃特大学）
- 亚利桑那州的 Prescott（Emory Riddle 大学和 Prescott 学院）

在另外的 297 个乡村都市中，66 个有四年制的学院或大学。在这 66 个乡村都市中，有 14 个有两所或两所以上的学院或大学，它们是：

- 南达科他州的 Aberdeen
- 阿肯色州的 Arkadelphia
- 明尼苏达州的 Bemidji
- 佛蒙特州的 Brattleboro
- 田纳西州的 Cleveland
- 纽约州的 Ithaca
- 新罕布什尔州的 Keene
- 佛蒙特州的 Montpelier
- 爱达荷州的 Moscow
- 纽约州的 Oneonta

- 南加利福尼亚州的 Orangeburg
- 伊利诺伊州的 Quincy
- 缅因州的 Waterville
- 明尼苏达的 Winona

参 考 文 献

第1章

Keillor, Garrison. *A Prairie Home Companion.*

Rueter, Frank. *In the Heart of Ozark Mountain Country.* Reed Spring: White Oak Press, 1992.

第2章

Bastian, Lisa A. "Companies Rediscover Down-Home Advantages," *Area Development* (April 1999): 52–59.

Bastian, "Putting Rural on the Map," *Area Development* (December 2002): 23–25.

Burkhardt, Larry. Survey by author, Effingham, IL, 2002.

Comer, Gary. As quoted on www.landsend.com. © 2003, Lands' End, Inc. Used with permission.

Dent, Harry S., Jr. *The Roaring 2000s: Building the Wealth and Lifestyle You Desire in the Greatest Boom in History.* New York: Touchstone, 2002.

Erskine, Dwight. Interview by Lisa Huston, Effingham, IL, 21 November 2003.

Fallows, James. *Free Flight: From Airline Hell to a New Age of Travel.* Cambridge: Perseua Books Group, 2001.

"Fortune 500 Largest US Corporations," *FORTUNE* (14 April 2003).

Gershenson, David. As quoted on www.silvercity-business.com.

Hansen, Chris. Telephone interview by author, Effingham, IL, 8 January 2003.

Hartill, Lane. "From City to Soil," *The Christian Science Monitor Online* (7 November 2001). © 2001, *The Christian Science Monitor* (www.csmonitor.com). Reproduced with permission.

Heenan, David A. "An American Odyssey: The Corporate Migration to Rural America," PACNET Newsletter, Center for Strategic and International Studies, 1999.

Hoberg, Paul. E-mail interview by Chris Hansen, Champaign, IL, 2 January 2003.

Hof, Robert D. and Steve Hamm. "How E-Biz Rose, Fell and Will Rise Anew," *Business Week* (13 May 2002): 64–72.

Hueber, Betsy. Telephone interview by author, Effingham, IL, 6 January 2003.

Jackson County, IN. Survey by author, Effingham, IL, 2002.

Karlgaard, Rich. "Boonyack Comeback," *Forbes* (15 April 2002): 39. Reprinted by permission of *Forbes* Magazine, © 2002 Forbes, Inc.

Karlgaard, "Small-Jet Shocker," *Forbes* (15 September 2003): 35.

"Kmart Delisted After 84 Years on Big Board," www.foxnews.com, 19 December 2002.

Roberson, Roger. Telephone interview by author, Effingham, IL, 7 January 2003.

Ross, Marilyn and Tom. *Country Bound: Trade in Your Business Suit Blues for Blue Jean Dreams.* Buena Vista: Communication Creativity, 1997.

Schulz, John D. "Wanted: Reconfiguration," *TrafficWorld* (9 June 2003): 9.

Shedd, Randall. E-mail from Jason Wright, 17 December 2002.

Tully, Shawn. "Straighten Up and Fly Right," *Fortune* (17 February 2003): 70.

Walton, Sam and John Huey. *Sam Walton: Made in America—My Story.* New York: Doubleday, 1992.

www.bluelight.com, Kmart Corporation
www.conocophillips.com, ConocoPhillips
www.dreamtowns.com, Dreamtowns.com
www.glenwoodsprings.net, Glenwood Springs Chamber Resort Association
www.thomastonchamber.com, Thomaston-Upson Chamber of Commerce
www.uprr.com, Union Pacific Corporation
www.walmart.com, Wal-Mart Stores, Inc.
www.workfromanywhere.com, The Telework Coalition

第3章

Baker, Don. Interview by author, Effingham, IL, 2002.

Bauer, Bill. Interview by author, Effingham, IL, 2002.

Bigelow, Susan. Survey by author, Effingham, IL, 2002.

Escapule, Dusty. Interview by author, Effingham, IL, 2002.

Fitzgerald, Sharon H. *Powerhouse of the West: Images of Gillette-Campbell County, WY* (2002 edition).

Howard, Bob. Interview by Lisa Huston, Effingham, IL 8 January 2003.

Koch, Barbara. Interview by Todd Thoman, Effingham IL, 2002.

Price, Ted. *Miracle Town: Creating America's Bavarian Village in Leavenworth, Washington.* Vancouver: Price & Rodgers, 1997.

Ruben, Bonnie Miller. "Quite a Ride for TREK," *Chicago Tribune* (23 January 2003), Business Section.

Thomas, Lois. *Blue Ribbon for Growth: Images of Douglas-Coffee County, GA* (2001 edition). Published by Journal Communications, Inc.

Wathen, Greg. Interview by the author, Effingham IL, 2002.

www.cityofwaverly.net, City of Waverly, OH

www.leavenworth.org, Leavenworth Chamber of Commerce

www.natat.org, National Association of Towns and Townships

www.smallcommunities.org, National Center for Small Communties

www.swidc.org, Southwest Indiana Development Council

第4章

Gurwitt, Rob. "Light in Oxford: How the Vision of One Independent Bookseller Has Revitalized the Heart of Faulkner's Mississippi," *Mother Jones* (May/June 2000).

Hamilton, Scott T. Survey by author, Effingham, IL, 2002.

Johnson, Hillary. "The Economy of Modernism: How Architecture Inspires Pride and Creates Jobs in Columbus, IN," *Worth* (July/August 2000).

Nickell, Joe Ashbrook. "Mayberry DSL," *Business 2.0* (August 2002): 17–18.

Parker, Suzi. "New Economy Recasts the Rural South," *The Christian Science Monitor* (3 May 2000).

Powell, Shirley. Interview by Lisa Huston, Effingham, IL, 7 January 2003.

Rinker, Kathryn. E-mail interview by Coleen Phillips, Effingham, IL, 2 October 2002.

Stanley, Rick. E-mail interview by Lisa Huston, Effingham, IL, 19 February 2003.

Sweets, Ellen. "Oxford's Charms Survive Its Turbulent Past," *The Dallas Morning News* (17 March 2002).
www.assetpub.com, Asset International, Inc.
www.columbus.in.us, Columbus Area Visitors Center
www.co.york.me.us, York County, ME
www.cummins.com, Cummins, Inc.
www.decaturtx.org, City of Decatur, TX
www.decaturtx.com, Decatur Chamber of Commerce
www.effinghamil.org, City of Effingham, IL
www.fortpayne.com, Fort Payne Chamber of Commerce
www.mainstreet.org, National Trust for Historic Preservation's National Main Street Center
www.partners.ms/downtowners/index.htm, Picayune-Downtowners Association
www.thomasvillega.com, Thomasville-Thomas County Historic Plantations Convention and Visitors Bureau
www.wakullacounty.com, Wakulla County, FL
www.walldrug.com, Wall Drug Store
Yager, Mike. Interview by author, Effingham, IL, 2002.

第5章

"A Fading State: Fare Thee Well, Iowa," *The Economist* (18 August 2001): 23–24.
Adams, Josh. "Door Wide Open," *SAIL* (March 2002): 90–91, 93–95.
Carder, Norma. Interview by Lisa Huston, Effingham, IL, 2002.
Dunn, Jr., Jerry Camarillo et al. *National Geographic Guide to Small Town Escapes*. National Geographic Society, 2002.
Fitzpatrick, Dale. Interview by author, Effingham, IL, 2002.
Fraser, Charles E. As quoted in *Southern Living*. © 2003, *Southern Living*. Reprinted with permission.
Galvez, Tara. E-mail interview by Lisa Huston, Effingham, IL, 18 December 2002.
Greider, Tarah. "CNN's Larry Smith to Serve as 2002 SOFF Special Guest," *ICTC People* (15 July 2002).
Lounsbury, Helen. "City with a Spark," *The Bay City Times*.

Martin, Douglas. "Charles E. Fraser, 73, Dies; Developer of Hilton Head," *The New York Times* (19 December 2002).
Samuel, David. Interview by author, Effingham, IL, 2002.
Schaeffer, Willy. As quoted on www.vail.snow.com. © 2003, Vail Resorts, Inc.
Sur, Larry. Interview by author, Effingham, IL, 2002.
Tamberrino, Frank. Survey by author, Effingham, IL, 2002.
Villani, John. *The 100 Best Small Art Towns in America: Discover Creative Communities, Fresh Air, and Affordable Living.* Emeryville: Avalon Travel Publishing, 1998.
www.baynavigator.com, Businesses in the Appalachicola Bay Area
www.beaufortarts.com, The Arts Council of Beaufort County
www.beauforttraveler.com, *Beaufort Traveler*
www.bgivb.com, Brunswick-Golden Isles Visitors Bureau
www.cr.nps.gov/nr/travel/amana/intro.htm, National Park Service
www.bizbuilder.org, Lincoln Trail eCommerce Enterprises, Inc.
www.cityofliberal.com, Liberal Convention and Tourism Bureau
www.cityofsandpoint.com, City of Sandpoint, ID
www.clarkstonchamber.org, Clarkston Chamber of Commerce
www.cmog.org, Corning Museum of Glass
www.corningny.com, City of Corning, NY
www.dawson.org, Dawson County Chamber of Commerce
www.discovernewporttn.com, Father & Son Marketing
www.golfcapitaltn.com, Crossville-Cumberland County Chamber of Commerce
www.grantspass.com, City of Grants Pass, OR
www.greeneville.com, Excalibur Data Solutions, Inc.
www.hanmo.com, G3 Business Innovations
www.hannibal.com, Hannibal.com
www.hhisleinfo.com, Hilton Head Island, SC Information Site
www.hillsborochamber.org, Hillsboro Area Chamber of Commerce
www.hiltonheadchamber.com, Hilton Head Island-Bluffton Chamber of Commerce
www.hindustantimes.com, Hindustan Times, Ltd.
www.kalispellchamber.com, Kalispell, MT Chamber of Commerce
www.lake-placid.ny.us, City of Lake Placid, NY
www.lakesunleader.com, *The Lake Sun Leader*, Camdenton, MO

www.parkcityinfo.com, Park City Chamber of Commerce & Visitors Bureau
www.prescott.org, Prescott, AZ Chamber of Commerce
www.rogueweb.com/gpass, Rogue Web of Southern Oregon
www.sanjuanisland.org, San Juan Island Chamber of Commerce
www.tetonwyo.org, Teton County, WY
www.und.edu/news/messages/.737.html, University of North Dakota-Grand Forks
www.usu.edu, Utah State University
www.visitamishcountry.com, Holmes County Chamber of Commerce
www.whitehouse.gov/history/presidents, U.S. Government
www2.cr.nps.gov, Heritage Preservation Services, National Park Service
Zimmerman, Fred and Dave Beal. *2002 Manufacturing Works: The Vital Link Between Production and Prosperity.* Chicago: Dearborn Trade Publishing, 2002.

第6章

Buffalo County-Community Health Partners. *2002 Report to the Community.* Kearney, NE, 2002.
Buley, Bill. "Bob Potter: Mr. Jobs Plus, Retirement Doesn't Suit Salesman," *The Press* (27 January 2002).
Cayford, Tracey. E-mail interview by Coleen Phillips, Effingham, IL, 16 September 2002.
Hand in Hand: Community and Economic Development in Tupelo. The Aspen Institute, 1999.
Jackson, Phil and Hugh Delehanty. *Sacred Hoops: Spiritual Lessons of a Hardwood Warrior.* New York: Hyperion, 1995. Reprinted by permission of Hyperion.
Jaxon, Jay. As quoted on www.cnn.com, 20 October 2002.
McDonald, Tommy. Survey by author, Effingham, IL, 2002.
Rumbarger, David. Interview by author, Effingham, IL, 31 December 2002.
Senge, Peter. "Creating Quality Communities," in Kazimerez Gozdz's *Community Building, Renewing Spirit and Learning in Business.* San Francisco: New Leaders Press, 1995. Reference from Moxley, Russ S., *Leadership and Spirit.* San Francisco: Jossey-Bass Inc., 2000.
Spira, Caroline. Survey by author, Effingham, IL, 30 April 2002.

Wilgoren, Jodi. "Bond with New York is Felt in Fire-Truck-Building Town," *The New York Times* (30 November 2001).

Williams, Mark. Interview by Todd Thoman, Effingham, IL, 20 December 2002.

www.barrychamber.com/leadership.htm, The Barry County Area Chamber of Commerce

www.chiltoncountychamber.com, Chilton County Chamber of Commerce

www.colville.com/aboutcol.htm, Colville Chamber of Commerce

www.dced.utah.gov, Utah Department of Community and Economic Development

www.gctelegram.com, *The Garden City Telegram*

www.hammond.org, City of Hammond, LA

第7章

Heath, Richard. *Bittersweet: The Story of the Heath Candy Co.* West Frankfurt: New Authors Publications, Inc., 1995.

Koch, Will. Interview by Lisa Huston, Santa Claus, IN, 9 August 2002.

Lieb, Bobby. Interview by author, Effingham, IL 2002.

Woo, Vivian and Shlomo Reifman. "Private Business," *Forbes* (24 November 2003): 174–216.

www.cabelas.com, Cabela's, Inc.

www.farmlandinfo.org, American Farmland Trust

www.holidayworld.com, Holiday World and Splashin' Safari

www.wgyates.com, W.G. Yates & Sons Construction Co.

第8章

Benoit, Paul. Interview by author, Effingham, IL, 2002.

Federal Reserve Bank. *Economic Review* (Second Quarter 2003).

Forrester, Stephen. Interview by author, Effingham, IL, 2 January 2003.

Hunnicutt, Jack. Interview by author, Effingham, IL, 10 March 2003.

Jenison, Kevin. Interview by author, Effingham, IL, 31 December 2002.

Lumpkin, Richard. Interview by author, Effingham, IL, 2002.

Moore, Darrell. Interview by author, Effingham, IL, 14 February 2003.

参考文献　149

"SIUE School of Business Announces Business of Year Awards: Six Family Businesses from Variety of Sectors Recognized for Excellence in Community Impact," *Illinois Business Report* (December 2002).

Sullivan, Dave. Interview by author, Effingham, IL, 31 December 2002.

Wright, Jason. Interview by Coleen Phillips, Effingham, IL, 17 December 2002.

www.deathtax.com, *The Seattle Times*

第9章

"The breakfast of champions," Wheaties, General Mills, Inc.

Fauver, Jeff. Interview by author, Effingham, IL, 6 December 2002.

Franklin, Stephen. *Three Strikes: Labor's Heartland Losses and What They Mean for Working Americans.* New York: The Guilford Press, 2001.

"Good to the last drop", Maxwell House, Kraft Foods, Inc.

"It's The Real Thing," The Coca-Cola Company

"Just do it," a trademark of Nike, Inc. and its affiliates. Used by permission.

"Like a Rock," Chevrolet, General Motors Corporation

Sheckler Finch, Jackie. "Island of Yesterday," *American Profile* (11 May 2002): 8.

www.bisbeearizona.com, Bisbee Chamber of Commerce

www.cityofwhitewater.com, Whitewater Community Development Authority

www.co.blaine.id.us, Blaine County, ID

www.hammond.org, City of Hammond, LA

www.hardycountywv.com, Hardy County, WV

www.mackinac.com, Mackinac.com

www.mynevadacounty.com, County of Nevada, CA

www.ok-corral.com, OK Corral

www.prescott.org, Prescott, AZ Chamber of Commerce

www.sgcity.org, City of St. George, UT

www.smallcommunities.org, National Center for Small Communities

www.smallcommunities.org/ncsc/THN.htm, National Center for Small Communities

第10章

Associated Press. "Adelphia to move corporate headquarters to Denver," *The New York Times* (29 January 2003): C6.

Barrett, John. As quoted on www.cnn.com, 22 September 2000.

Hanna, Karna. Interview by Lisa Huston, Effingham, IL, 28 February 2003.

Jonsson, Patrik. "A Textile Town Reinvents Itself as NASCAR's Mecca," *The Christian Science Monitor* (15 April 2002).

Kramer, Tommy. Interview by Todd Thoman, Chicago, IL, 2002.

Leonard, Devin. "The Adelphia Story," *Fortune* (12 August 2002).

McBride, Jennifer. "Badger history revisited," *Baraboo News Gazette* (18 March 2002).

Sharnberg, Kirsten. "Empty Plant, Empty Pockets," *Chicago Tribune* (9 July 2002).

www.comsprague.com, Commonwealth Sprague

www.guymoncofc.com/rodeofacts.htm, Guymon, OK Chamber of Commerce

www.northcarolinaspeedway.com, North Carolina Motor Speedway

www.ptc.com, PTC Solutions

www.scdc.com, Sauk County Development Corporation

www.villageprofile.com/iowa/charlescity/02his/topic.html, Community Profile Network, Inc.

第11章

Blattner, Tim. Interview by author, Effingham, IL, 12 February 2003.

Cairo Public Library, Cairo, IL

Cape Girardeau Chamber of Commerce 1997 Membership Directory. Cape Girardeau: Cape Girardeau Chamber of Commerce, 1996.

Knudtson, Jay. Interview by author, Cape Girardeau, MO, 17 December 2002.

Miller, Mike. Interview by author, Cape Girardeau, MO, 17 December 2002.

Ross, David. Interview by author, Cape Girardeau, MO, 17 December 2002.

Rust, Gary. Interview by author, Cape Girardeau, MO, 17 December 2002.
www.capechamber.com, Cape Girardeau Chamber of Commerce
www.capegirardeaucvb.org, Cape Girardeau Convention and Visitors Bureau
www.cityofcapegirardeau.org, City of Cape Girardeau, MO
www.cityofcapegirardeau.org/condev/vision2020/survey.htm, City of Cape Girardeau, MO
www.semoport.com, Southeast Missouri Regional Port Authority
Wyman, John and Jerri Wyman. Interview by author, Cape Girardeau, MO, 17 December 2002.

第12章

www.bransonchamber.com, Branson/Lakes Area Chamber of Commerce and Convention & Visitors Bureau
www.homefair.com, National Association of Realtors
www.milkeninstitute.com, Milken Institute

附录

"A Portrait of Carson City, Douglas and Storey Counties," Reno: Sierra Pacifica Economic Development Department, 1999.
Bylinsky, Gene. "Closing in on Perfection," *Fortune* (23 June 2003).
Community Profile, Traverse City Area Chamber of Commerce, Traverse City, MO, 2002.
Everett, Karen. Survey by author, Effingham, IL, 2002.
Fox, Richard L., ed. *America's Best Places to Retire.* Houston: Vacation Publications, Inc., 2002.
Kraft, Ron. Survey by author, Effingham, IL, 19 April 2002.
Petersen, John. Interview by author, Effingham, IL, 15 August 2002.
"Yours to Enjoy," Snow Hill: Worcester County Tourism Office (September 2000).
www.alicepeckday.org, Alice Peck Day Memorial Hospital
www.berkeleysprings.com, Travel Berkeley Springs, Inc.
www.bev.net, The Blacksburg Electronic Village

www.bozemancvb.visitmt.com, Bozeman Convention and Visitors' Bureau
www.ci.bend.or.us, City of Bend, OR
www.cooperstownchamber.org, Cooperstown Chamber of Commerce
www.corvettemuseum.com, National Corvette Museum
www.dallasfed.org/research/busfront/bus0202.html, Federal Reserve Bank of Dallas
www.dhmc.org, Dartmouth-Hitchcock Medical Center
www.gostowe.com, Stowe Area Association
www.greencastle.com, Greencastle, IN
www.hollisterrealty.com, Vedana Freitas, RE/MAX PLATINUM PROPERTIES
www.hotmusic.org/abouthsmf.htm, Hot Springs Music Festival
www.indianriverchamber.com, Indian River County Chamber of Commerce
www.isupark.org, Iowa State University Research Park Corporation
www.kitty-hawk.com, Kitty Hawk, NC
www.mauryregional.com, Maury Regional Healthcare System
www.mtnhome.net, Mountain Home, AR
www.nces.ed.gov, National Center for Education Statistics
www.nhis.com, New Hampshire International Speedway
www.northga.net/whitfield/outlet.html, North Georgia, USA
www.ococean.com, Department of Tourism, Ocean City, MD
www.poconoraceway.com, Pocono International Raceway
www.rochestermn.com, Rochester, MN
www.saintcroixriver.com, St. Croix Riverway
www.seaportgeorgetown.com, Historic Seaport Georgetown, SC
www.smuckers.com, The J.M. Smucker Co.
www.spacityblues.com, Spa City Blues Society
www.saturn.com, Saturn Corporation
www.sundance.org, Sundance Film Festival
www.talladegasuperspeedway.com, Talladega Superspeedway
www.taoschamber.org, Taos County Chamber of Commerce
www.txcoastalbend.org, Texas Coastal Bend Regional Tourism Council
www.utahreach.usu.edu/sanpete/visitor/index.htm, UtahReach
www.villageprofile.com/illinois/mattoon/matoon2.html, Community Profile Network

Contact Information for Jack Schultz

For updates on Boomtown USA's agurbs and to sign up for a free e-newsletter, please visit www.boomtownusa.net or www.agurbs.com.

For information on booking Mr. Schultz as a speaker, e-mail speak@boomtownusa.net or speak@agurbs.com.